Mosaik
bei GOLDMANN

Buch

Das Zucker-Knacker-Ernährungsprogramm ist so einfach, dass es schnell Teil des täglichen Lebens wird. Es ermöglicht jedem, viele köstliche Dinge zu essen, gemieden werden nur solche Speisen, die viel Glukose enthalten und so den Blutzuckerspiegel steigen lassen. Dadurch wird Insulin freigesetzt, das die Ursache dafür ist, dass der Körper verstärkt Fett einlagert. Nicht Fett, sondern Zucker führt also zu einer Gewichtszunahme. Dieses Kochbuch bietet vom Frühstück bis zum Abendessen tolle, zuckerbewusste Rezepte, die einfach zuzubereiten sind, gut schmecken und satt machen. Hungern, frustrierendes Kalorienzählen und verwirrende Nährstofftabellen kann man getrost vergessen.

Autoren

H. Leighton Steward schloss sein Studium mit einem naturwissenschaftlichen Diplom ab. Er ist Topmanager eines amerikanischen Energiewirtschaftsunternehmens, im Verwaltungsrat der Tulane University sowie Mitglied einiger Aufsichtsräte.

Morrison C. Bethea arbeitet als renommierter Herz- und Gefäßchirurg in New Orleans. Er hat zahlreiche Publikationen zum Thema Herz-Kreislauf-Erkrankungen verfasst und ist Mitglied der amerikanischen Vereinigung der Thoraxchirurgie.

Sam S. Andrews praktiziert als Endokrinologe in der Audubon International Medicine Group und hat zahlreiche Aufsätze zu diesem Fachgebiet verfasst. Außerdem ist er Professor für Medizin an der Staatlichen Universität von Louisiana und Mitglied des Bauchspeicheldrüsen-Transplantations-Teams.

Luis A. Balart arbeitet als Gastroenterologe und Hepatologe am Tenet's Memorial Medical Center in New Orleans und ist Professor für klinische Medizin und medizinischer Leiter des Leber-Transplantations-Programms an der Staatlichen Universität von Louisiana.

Von den Autoren außerdem bei Mosaik bei Goldmann:

Zucker-Knacker. Das Ernährungskonzept der Zukunft (16206)

H. LEIGHTON STEWARD
MORRISON C. BETHEA
SAM S. ANDREWS
LUIS A. BALART

Zucker-Knacker-Kochbuch

Gesund und genussvoll abnehmen
175 köstliche und
zucker-bewusste Rezepte

Aus dem Amerikanischen
von Christiane Gsänger

Mosaik
bei GOLDMANN

Die hier vorgestellten Informationen sind nach bestem Wissen und Gewissen geprüft, dennoch übernehmen die Autoren und der Verlag kei-
nerlei Haftung für Schäden irgendeiner Art, die sich direkt oder indirekt
aus dem Gebrauch der hier vorgestellten Anwendungen ergeben. Bitte
beachten Sie in jedem Fall die Grenzen der Selbstheilung, und nehmen
Sie bei Krankheitssymptomen professionelle Diagnose und Therapie
durch ärztliche oder naturheilkundliche Hilfe in Anspruch.

Umwelthinweis:
Alle bedruckten Materialien dieses Taschenbuches
sind chlorfrei und umweltschonend.

Deutsche Erstausgabe Juli 2001
© 2001 Wilhelm Goldmann Verlag, München,
ein Unternehmen der Verlagsgruppe Random House GmbH
© 1999 Sugar Busters, L.L.C.
Originaltitel: Sugar Busters! Quick & Easy Cookbook
Originalverlag: The Ballantine Publishing Group,
a division of Random House, Inc., New York
Umschlaggestaltung: Design Team München
Redaktion: Renate Weinberger
Satz/DTP: Martin Strohkendl
Druck: Elsnerdruck, Berlin
Verlagsnummer: 16354
kö · Herstellung: Max Widmaier
Made in Germany
ISBN 3-442-16354-4
www.goldmann-verlag.de

1 3 5 7 9 10 8 6 4 2

Inhalt

Vorwort

Zucker-Knacker – dieses revolutionäre Ernährungskonzept wurde 1999 in dem Buch »*Zucker-Knacker*« von den Autoren dieses Kochbuches vorgestellt. Die Autoren sind ein Naturwissenschaftler, der als Topmanager arbeitet, und drei Ärzte, deren Wissen und Erfahrungen auf ihren Fachgebieten sie lehrten, wie wichtig die Ernährung für den Menschen ist und in welchem Maß sie die Gesundheit positiv oder negativ beeinflussen kann. Diese Fachgebiete umfassen Herz-Kreislauf- und Thorax-Chirurgie (Herzchirurg), Endokrinologie (Drüsenspezialist – zu diesen Drüsen gehört auch die Bauchspeicheldrüse) und Gastroenterologie-Hepatologie (Leberspezialist).

Ganz gewiss werden Sie keine Probleme haben, dem Zucker-Knacker-Ernährungskonzept, auf dem dieses Kochbuch basiert, zu folgen. Sie dürfen die meisten Lebensmittel in normalen Mengen essen, möglicherweise sogar in größeren Mengen, als Sie im Moment verzehren. Sie können drei volle Mahlzeiten am Tag genießen und zwischendurch noch entsprechende Snacks. Es gibt nur einige Nahrungsmittel, die Sie bei der Zucker-Knacker-Ernährungsweise nicht zu sich nehmen dürfen. Es handelt sich dabei um Nahrungsmittel mit Kohlenhydraten, die zu einer starken Ausschüttung von Insulin führen. Dieses regt nämlich Ihren Körper an, überschüssigen Zucker als Fett zu speichern. Zu diesen Nahrungsmitteln gehören beispielsweise rote und weiße Kartoffeln, Mais, weißer Reis, stark behandelte Getreideprodukte, Rote Bete, Möhren und – selbstverständlich – raffinierte Zucker sowie Produkte, die mit diesen Zuckern hergestellt sind.

Wie erfolgreich ist die Zucker-Knacker-Ernährungsweise? Es liegen zwar noch keine wissenschaftlichen Testreihen vor, doch 95 Prozent der Rückmeldungen berichten von einer beträchtlichen Gewichtsabnahme. Und – besonders wichtig – es wurde auch eine Senkung des Cholesterinspiegels um etwa 15 Prozent beobachtet, dazu eine deutlich niedrigere Menge an Triglyceriden im Blutserum, außerdem eine Verbesserung bei Verdauungsstörungen und Hypoglykämie (Unterzucker) sowie eine Verringerung oder ein völliges Ausbleiben von Migräneanfällen. Insgesamt erhöhten sich Energie und Vitalität dauerhaft. Sehr bedeutend ist auch, dass bei fast allen Diabetikern ein Rückgang der Blutzuckerwerte festgestellt wurde, demzufolge die meisten nur noch weniger oder gar keine Medikamente mehr brauchen.

Die Autoren haben den Riesenerfolg der Menschen, die dem Zucker-Knacker-Ernährungskonzept folgen, gesehen und Tausende anerkennende Briefe bekommen. Da auch immer wieder die Bitte nach Rezepten an sie herangetragen wurde, damit die Menschen diese hilfreiche Ernährungsweise noch leichter annehmen können, haben sie sich zu diesem Kochbuch entschlossen.

Die Rezepte dieses Buches besitzen zwei überzeugende Vorteile: Erstens sind sie gesund, lecker und sättigend. Zweitens lassen sich die Gerichte schnell zubereiten, sodass auch alle, die keine Zeit für Mahlzeiten haben, deren Zubereitung mehr als eine Stunde dauert, die günstigen Auswirkungen auf die Gesundheit erleben können. Spezielle Tipps helfen außerdem, Mahlzeiten ohne großen Aufwand im Voraus zu planen und vorzubereiten. So kann man in 20 Minuten ein köstliches, komplettes Essen auf den Tisch bringen.

Das Zucker-Knacker-Kochbuch versorgt Sie mit Rezeptideen für den ganzen Tag. In den drei Hauptteilen – Frühstück, Mittagessen und Abendessen – gibt es Angaben, vor allem bei

Mittag- und Abendessen, die sich auf den ersten Blick überschneiden. Doch gerade dies erleichtert Ihnen das kurzfristige Zubereiten einer Mahlzeit, weil Sie nicht erst lange in dem Buch blättern müssen, um Zusammenpassendes zu finden. Andere Kapitel informieren Sie ausführlich über Vorratshaltung und die Verwendung von Gewürzen und Kräutern. Die vielen zusätzlichen Rezepte für Gemüse, Vorspeisen, Desserts usw. werden Ihren Appetit anregen – zum Genuss ohne Reue. Außerdem geben Ihnen die Autoren zahlreiche praktische Tipps, wie Sie Rezepte nach Ihrem Geschmack variieren können oder welche Vorzüge die Zutaten in Bezug auf Nährstoffe haben.

Das Zucker-Knacker-Ernährungskonzept liefert Ihnen einen sinnvollen, praktischen und sehr flexiblen Ernährungsplan, bei dem Sie weder irgendetwas zählen, wiegen noch messen müssen – aus diesen Gründen geben so viele Menschen eine Diät auf. Mit diesem Buch wird Ihnen das nicht passieren: Sie essen, was Ihnen schmeckt, und nehmen trotzdem ab. Sie halten Ihr Gewicht und fühlen sich rundum wohler, sind gesünder und voller Energie.

Dank

Die Autoren danken Barry Bluestein und Kevin Morrisey. Sie testeten die Rezepte und brachten sie in eine präsentable Form, sie trugen auch einige eigene Rezepte bei, die sehr gut zur Zucker-Knacker-Ernährungsweise passen.

1

Das *Zucker-Knacker-* Ernährungskonzept

Die grundlegenden Prinzipien der Zucker-Knacker-Ernährungsweise kann man in medizinischen Lehrbüchern finden. Trotz der verständlichen Verwirrung, die über die Rolle von raffiniertem und natürlichem Zucker (Kohlenhydraten) bei der Speicherung von Fett in den Fettzellen Ihres Körpers vorherrscht, bleibt die unumstößliche Tatsache, dass der meiste Zucker, den Sie essen, in Ihrem Körper in Fett umgewandelt wird. Die Verwirrung entsteht durch die Äußerungen einiger (keineswegs aller!) Ernährungswissenschaftler und Sprecher der Zuckerindustrie, in denen es heißt: »Das ist absurd! Jeder weiß, dass Zucker sich nicht in Fett verwandelt!« oder »Nur durch Erbanlage können Sie Diabetes bekommen!« oder »Ihre Ernährung kann Ihr Gewicht nicht auf Dauer niedrig halten!« Sie haben also das Recht, verwirrt zu sein. Einige Ernährungs-»Theorien« scheinen sinnvoll zu sein, doch oft stimmen sie nicht mit grundlegenden physiologischen Tatsachen oder mit den Ergebnissen überwachter Testreihen überein. Das Zucker-Knacker-Konzept dagegen vertraut auf medizinische Tatsachen oder die Ergebnisse sorgfältig überwachter Studien.

Warum aus Zucker Fett wird

Wie führt Zucker dazu, dass Ihr Körper Fett speichert? Das Hormon, das Ihren Körperzellen mitteilt, dass sie Fett speichern sollen, ist das Insulin, deshalb wird es oft auch als Fettspeicherungshormon bezeichnet. Wenn Sie Zucker zu sich nehmen, gleichgültig, ob raffinierte Sorten oder durch die natürlichen Kohlenhydrate, die Sie essen, führt der erhöhte Blutzuckerspiegel zur Ausschüttung von Insulin. Insulin spielt die Hauptrolle dabei, dass der Blutzucker wieder auf seinen normalen Spiegel zurückgeführt wird. Daher ist es eine offensichtliche Hilfe bei der Kontrolle der Speicherung von Körperfett, wenn Sie die Menge Insulin verringern, die Ihre Bauchspeicheldrüse ausschüttet. Dafür müssen Sie einfach weniger Zucker essen, besonders von den Arten, die den Blutzuckerspiegel sehr schnell anheben. Wenn Sie Zucker zu sich nehmen, achten Sie darauf, dass er vorwiegend aus ballaststoffreichen Kohlenhydraten stammt, wie aus jenen, die in vielen der Rezepte in diesem Buch enthalten sind.

Der glykämische Index
und die Kohlenhydrate

Der glykämische Index (GI) ist eine Methode zur Klassifizierung von Nahrungsmitteln aufgrund ihrer glykämischen Effekte. Oder einfacher gesagt, dieser Index spiegelt das Maß wider, in dem bestimmte Nahrungsmittel fähig sind, den Blutzuckerspiegel zu erhöhen. Demzufolge hilft der glykämische Index Ihnen, gute von schlechten Kohlenhydraten zu unterscheiden.

Welche Kohlenhydrate sollten Sie meiden? Die Fähigkeit eines bestimmten Kohlenhydrats, den Blutzuckerspiegel für eine gewisse Zeit zu erhöhen, kann durch den glykämischen Wert des jeweiligen Lebensmittels ausgedrückt werden. Auf unserer glykämischen Skala ist Glukose, der ganz besonders reine Zucker, mit einem Wert von 100 angegeben. Für die gleiche Anzahl von Gramm eines Lebensmittels, zum Beispiel von Kartoffeln, Bohnen, Orangen usw. kann die Blutzuckerreaktion gemessen und in einem Wert bezogen auf Glukose (100) angegeben werden.

Glykämische Werte für gängige Lebensmittel finden in der Tabelle »Glykämischer Index«, die auf Seite 14 beginnt.

Meiden Sie möglichst die Lebensmittel mit einem hohen glykämischen Wert, zum Beispiel Kartoffeln (80 bis 95). Essen Sie mehr Nahrungsmittel mit niedrigen Werten, beispielsweise Bohnen (30 bis 40) oder grüne Gemüse (weniger als 15), als Quelle für den erforderlichen Zucker, den Ihr Körper für seinen aktuellen und zukünftigen Energiebedarf braucht.

Die ballaststoffreichen Kohlenhydrate rangieren in der Regel im niedrigen Bereich des GI. Das Vorhandensein von Ballaststoffen in einem Kohlenhydrat verlangsamt seine Verdauung und Aufnahme und daher seine Fähigkeit, den Blutzucker anzuregen – das heißt, dass es auch Ihre Insulinproduktion nicht anregt. Wir alle haben von den Vorteilen einer ballaststoffreichen Diät gehört, um einem möglichen Auftreten von Darmkrebs und Herz-Kreislauf-Erkrankungen vorzubeugen. Ballaststoffreiche Gemüse liefern auch größere Mengen an Antioxidantien als die meisten Gemüse mit geringem Ballaststoffanteil. Diese Vorteile gehen Hand in Hand mit den Prinzipien des Zucker-Knacker-Ernährungskonzepts. Denn dazu gehört die Empfehlung, die richtigen, ballaststoffreichen Kohlenhydrate zu essen.

Glykämischer Index
Getreide, Brote und Cerealien

HOCH		MITTEL	
Instant-Reis	90	Müsli,	
Weizenmehlbrezel	85	ohne zusätzlichen Zucker	55
Corn Flakes	85	Pitta-Brot, einfach	55
Reis-Crispies	80	Roggensauerteig	55
Reiskuchen	80	Wilder Reis	55
Trauben-Nuss-Flocken	80	Brauner Reis	55
Weißbrot	75	Haferschrot	55
Mais	75	Vollkorn-Pumpernickel	50
Mais-Chips	75	Brot	
Graham-Cracker	75	aus geschrotetem Weizen	50
normale Cracker	75	Vollkornreis	50
Weizen-Bagels	75	Haferkleiebrot	50
Getreide, unzerkleinert	75	Biskuitkuchen	45
Weiße Brötchen	75	Pitta-Brot, steingemahlen	45
Croissant	70	Weizen	45
Maisschrot	70	Gerste	45
Cream of Wheat		Vollkornpasta	45
(Weizengrießbrei		All Bran, ohne Zuckerzusatz	45
mit Sahne)	70	Spaghetti aus Vollkornmehl	40
Weizenschrot	70		
Toast Melba	70	**GERING**	
Hirse	70	Roggen	35
Instant-Haferschrot	65		
Vollkorn-Cracker	65		
Nutri-Grain Cerealien	65		
Pasta (normale)	60		
Couscous	60		
Basmati-Reis	60		
Spaghetti, weiße	60		

Gemüse

HOCH		**GERING**	
Gebackene Kartoffeln	95	Getrocknete Bohnen	30–40
Pastinaken	95	Linsen	30–40
Möhren	85	Pinto-Bohnen	40
Pommes frites	80	Grüne Bohnen	40
Rüben	75	Kichererbsen	35
		Lima-Bohnen	30
MITTEL		Schwarze Bohnen	30
Süßkartoffeln	55	Butterbohnen	30
Yam	50	Kidney-Bohnen	30
Grüne Erbsen	45	Sojabohnen	15
Wilderbsen	40	Grüne Gemüse	0–15

Obst

HOCH		Pfirsiche	40
Wassermelone	70	Pflaumen	40
Ananas	65	Äpfel	40
Rosinen	65	Orangen	40
reife Bananen	60		
		GERING	
MITTEL		Aprikosen, getrocknet	30
Mango	50	Grapefruit	25
Kiwi	50	Kirschen	25
Trauben	50	Tomaten	15
Kochbananen	45	Aprikosen, frisch	10
Birnen	45		

Milchprodukte

HOCH		**GERING**	
Eiscreme	60	Jogurt, mit Früchten	35
		Milch (Vollmilch)	>30
		Milch, entrahmt	<30
		Jogurt, einfach, ohne Zucker	15

Verschiedenes

HOCH		raffinierter Zucker	75
Maltose (Malzzucker,		Popcorn	55
z. B. in Bier)	105		
Glukose	100	**GERING**	
Brezel	80	Nüsse	15–30
Honig	75	Erdnüsse	15

Ideale Diät für Diabetiker

Die Zucker-Knacker-Ernährungsweise ist besonders wirksam, um Diabetes zu kontrollieren. Diabetikern wurde immer erklärt, dass sie Dinge wie Streuzucker und Süßigkeiten weglassen sollen, doch nur wenigen wurde gesagt, dass auch hoch glykämische Nahrungsmittel wie gebackene Kartoffeln oder Weißbrot ihrem Körper die gleiche oder sogar eine größere Menge Insulin abverlangen wie Streuzucker oder Süßigkeiten! Durch das bloße Weglassen einiger hoch glykämischer Nahrungsmittel können Diabetiker ein weit gesünderes und angenehmeres Leben führen.

Die Zucker-Knacker-Ernährungsweise kann auch helfen, das Risiko zu verringern, dass werdende Mütter einen Schwangerschaftsdiabetes entwickeln. Zwar ist dieser im Allgemeinen auf die Zeit der Schwangerschaft beschränkt, er erhöht aber das Risiko, dass die Mutter und ihr ungeborenes Kind im späteren Leben an Diabetes erkranken. Darüber hinaus kann die Umstellung auf schwach glykämische ballaststoffreiche Kohlenhydrate der frisch gebackenen Mutter helfen, die Extrapfunde loszuwerden, die sie während der Schwangerschaft angesetzt hat.

Der Nutzen für Ihre Kinder

Die Anzahl übergewichtiger Kinder hat sich in den letzten zwei Jahrzehnten verdoppelt. Dicke Kinder werden meist dicke Erwachsene, und 60 Prozent der dicken Kinder leiden unter Gesundheitsproblemen, die in direktem Zusammenhang mit ihrem Übergewicht stehen. So hat beispielsweise Diabetes Typ II (Ausbruch im Erwachsenenalter) bei Kindern dramatisch zugenommen. Ebenso haben medizinische Studien aus jüngster Zeit gezeigt, dass Arteriosklerose sehr früh beginnt, sogar schon im Teenageralter.

Was brauchen Sie noch, um zu der Überzeugung zu gelangen, dass eine hoch glykämischen Kohlenhydrate, die ballaststoffarme Ernährung der falsche Weg ist, um sich zu ernähren? Eine kleine Studie mit zwölf übergewichtigen Jungen, über die in *Pediatrics* im März 1999 berichtet wurde, stellte fest, dass die Jungen, wenn sie hoch glykämische Kohlenhydrate zum Frühstück und Mittagessen bekamen, bei der nächsten Mahlzeit sehr viel mehr aßen, als wenn dieselben Jungen zum Frühstück und Mittagessen die gleiche Menge gering glykämischer Kohlenhydrate zu sich nahmen. Wenn Sie sich also entschlossen haben, selbst dem Zucker-Knacker-Konzept zu folgen, führen Sie diese Ernährungsweise am besten für alle in Ihrem Haushalt ein, um der Gesundheit und des Wohlbefindens Ihrer Kinder willen.

Das Verhältnis von Kohlenhydraten, Proteinen und Fetten

Viele der Rezepte in diesem Buch enthalten zwar etwas mehr Proteine und Fett, als Sie vielleicht für gewöhnlich zu sich nehmen. Doch wenn Sie ballaststoffreiche Gemüse, Salate, Vollkornbrote usw. dazu essen, sollten Ihre Mahlzeiten durchschnittlich aus 40 Prozent Kohlenhydraten (den richtigen), 30 Prozent Proteinen und 30 Prozent Fetten bestehen. Das Verhältnis von 40:30:30 kann noch in Richtung Kohlenhydrate gesteigert werden (mehr als 50 Prozent Kohlenhydrate), wenn Sie vor allem schwach glykämische Kohlenhydrate zu sich nehmen.

Bei der Diskussion des Verhältnisses kann die Frage der gesättigten Fette nicht außer Acht gelassen werden. In diesem Bereich ist Beschränkung die klügste Entscheidung. Wir behaupten nicht, dass Sie durch einen höheren Anteil an gesättigten Fetten zwangsläufig zunehmen, aber es steigert Ihr Risiko, eine Herz-Kreislauf-Erkrankung zu erleiden. Denken Sie deshalb nicht nur ans Schlanksein, sondern an Schlankheit und Gesundheit, das heißt, essen Sie wenig Fleisch und nehmen Sie keinesfalls regelmäßig große Mengen an Sahne und anderen gesättigten Fetten zu sich.

Portionsgröße und Kalorien

Die richtige Portionsgröße ist wichtig. Während die Rolle der Kalorien bei der Gewichtszunahme von jenen, die alle möglichen Theorien darüber entwickelt haben, wie der Körper auf eine Kalorie reagiert, dramatisch vereinfacht und missverstanden worden ist, wird eine zu große Nahrungsaufnahme bei der Mehrheit unserer Bevölkerung zu zusätzlichen Pfunden führen. Einige der ernährungswissenschaftlichen »Theoretiker« glauben, der Stoffwechsel des menschlichen Körpers reagiere auf eine Kalorie, ganz gleich, aus welcher Quelle sie stammt. Unser Körper ist doch keine hirnlose Dampfmaschine! Seine Reaktion auf eine proteinreiche Mahlzeit unterscheidet sich schon gewaltig von der auf eine kohlenhydratreiche Mahlzeit, inklusive der darauf folgenden Insulinausschüttung. Eine Kalorie gleicht keineswegs der anderen, vor allem nicht in der Art und Weise, wie sie den Stoffwechsel des Körpers beeinflusst, einschließlich Gewichtszu- oder -abnahme oder sogar Cholesterinentstehung. Doch leider halten sich die Kalorientheorie und ähnliche Ernährungsthesen unbarmherzig in allen Medien.

Wir haben versucht, die Portions- oder Mahlzeitengröße sehr einfach und benutzerfreundlich zu handhaben. Hier unsere Faustregeln: Essen Sie pro Tag drei Teller voll und zwischendurch kleine Snacks. Essen Sie nicht pro Mahlzeit drei Teller voll und füllen Sie die Teller nicht bis über den Rand!

Auch die Menschen sind unterschiedlich. Manchen macht es nichts aus, große Mengen von schwach glykämischen Lebensmitteln zu verzehren, bei anderen machen sie sich durchaus bemerkbar. Andere Menschen können sogar große Mengen hoch glykämischer Nahrungsmittel essen, ohne zuzunehmen, wobei allerdings viele davon Gesundheitsprobleme bekommen, die mit einem hohen Insulinspiegel zu tun haben, zum Beispiel einen zu hohen Cholesterinspiegel (Hypercholesterinämie) oder zu hohe Triglyceridwerte (Hyperlipidämie), Diabetes oder frühzeitige Herz-Kreislauf-Erkrankungen.

Flüssigkeitsaufnahme nicht vergessen!

Flüssigkeiten sind für Ihren Körper sehr wichtig (er besteht zu 57 Prozent aus Wasser). Trinken Sie täglich mehrere Gläser Wasser. Frische Säfte zu einem Snack sind auch in Ordnung. Insgesamt sollten Sie wenigstens 1 bis 1,5 Liter zu sich nehmen. Dehydrierung tut Ihnen nicht gut, Sie können sich schlecht fühlen und im Extremfall ohnmächtig werden. Doch trinken Sie nie viel während einer Mahlzeit. Große Mengen Flüssigkeit zu einer Mahlzeit verdünnen Ihre Verdauungssäfte und verlangsamen die normale Verdauung.

Unser *Zucker-Knacker*-Kochbuch

Die Rezepte in diesem Buch wurden von den Autoren selbst geschaffen oder im Verlauf einiger Jahre gesammelt. Viele sind alte Familienrezepte. Bei einigen handelt es sich um Abwandlungen altbekannter und bewährter Rezepte, bei denen Zutaten, die sich nicht mit der Zucker-Knacker-Ernährungsweise vereinbaren lassen, ausgetauscht wurden – ohne dabei den Geschmack wesentlich zu verändern. In manchen Fällen wurde er sogar verstärkt. Wir danken ganz besonders jenen, die bereit waren, ihre geeigneten Rezepte zu diesem Kochbuch beizusteuern.

Und eines möchten wir noch betonen: Die meisten Rezepte (nicht alle) können geändert werden, sodass sie annehmbare Zucker-Knacker-Rezepte sind. Haben Sie den Dreh erst einmal heraus, werden Sie hoffentlich genauso viel Spaß in der Küche haben wie wir.

2

Die *Zucker-Knacker-*
Speisekammer

Füllen Sie Speisekammer, Gefriergerät und Kühlschrank mit Produkten, die eine Ernährung nach dem Zucker-Knacker-Ernährungskonzept erleichtern, wird gleichzeitig die Zubereitung der Mahlzeiten einfacher und schneller.

Nahrungsmittel für
*Zucker-Knacker-*Gerichte

Im Folgenden finden Sie eine Liste mit geeigneten Lebensmitteln, die in den Zucker-Knacker-Rezepten verwendet werden, außerdem einige, die Sie meiden sollten. Wenn Sie für Zucker-Knacker-Gerichte einkaufen, werden Sie feststellen, dass die geeignetsten Produkte im Supermarkt eher am Rand als in der Mitte zu finden sind – denn dort befinden sich die konservierten Lebensmittel. In Dosenprodukten gibt es eine Menge erstaunlicher Quellen, die den Blutzuckerspiegel steigern. Vergleichen Sie immer die Nährstoffangaben auf den Etiketten der verschiedenen Marken und wählen Sie die Produkte, die den wenigsten Zuckerzusatz enthalten. In keinem Fall dürfen mehr als drei Gramm Zucker pro Portion enthalten sein.

Geeignete Gemüse und Hülsenfrüchte

Denken Sie immer daran: Am besten sind frische Nahrungsmittel, dann tiefgefrorene, und am wenigsten geeignet sind Lebensmittel in Dosen.

Artischocken
Auberginen
Avocados
Blattsalat
Blumenkohl
Bohnen, getrocknet, alle Sorten
Bohnen, Grüne
Brokkoli
Chilischoten
Erbsen

Gurken
Ingwer
Knoblauch
Kohlsorten
Kräuter, frisch, alle Arten
Kürbis
Lauchzwiebeln
Linsen
Okra
Paprika

Petersilie, glatt und kraus
Pilze aller Art
Sellerie
Spinat
Süßkartoffeln (in Maßen)
Tomaten
Zucchini
Zwiebeln

Meiden Sie: Rote Bete, Möhren, Mais, Pastinaken, rote und weiße Kartoffeln (einschließlich Pommes frites), Rüben, tiefgefrorene Gemüse oder Gemüse in Dosen, bei denen Zucker zugesetzt ist.

Geeignetes Obst

Äpfel
Aprikosen
Beeren aller Art
Birnen
Honigmelonen
Kirschen

Kiwis, sehr reife ausgenommen
Limetten
Mandarinen
Nektarinen
Orangen

Pfirsiche
Pflaumen
Weintrauben
Zitronen

Meiden Sie: reife Bananen, Ananas, Rosinen, Wassermelonen, tiefgefrorene Früchte mit Zuckerzusatz, Dosenfrüchte in Sirup.

Geeignetes Fleisch

Hähnchen
Kalbfleisch
Lammfleisch, mager
Rinderhackfleisch, mager
Rindfleisch, mager
Schinken, nicht mit Zucker
    konserviert

Schweinefleisch
Speck, sehr mager, nicht mit
    Zucker konserviert
Truthahn
Wachtel und anderes
    Wildgeflügel

Meiden Sie: fette Stücke von Rind und Lamm, mit Zucker konservierten Schinken und Speck, kalten Aufschnitt mit Zuckerzusatz.

Geeignete Fische und Meeresfrüchte

Austern
Fische aller Art,
    besonders gesund sind
    Kaltwasserfische wegen der
    Omega-3-Fettsäuren

Kammmuscheln
Krabben aller Art
Langusten
Shrimps

Meiden Sie: panierten Fisch, mit Zucker konservierten Fisch.

Geeignete Milchprodukte

Butter, in Maßen
Eier
Eier-Ersatz
Frischkäse (vorzugsweise fett-
    reduziert)
Jogurt ohne Zuckerzusatz
    (vorzugsweise fettarm oder
    ohne Fett)

Käse am Stück und gerieben
Milch
    (vorzugsweise fettarm)
Sauerrahm
    (vorzugsweise fettarm)
Ziegenkäse

Meiden Sie: Jogurt mit Zucker- oder Maltodextrinzusatz, übermäßigen Genuss von vollfetten Milchprodukten.

Geeignete Backwaren

Weizenvollkorn-Bagels
Weizenvollkorn-Brote

Vollkornbrote aller Art

Meiden Sie: Brot mit raffiniertem Mehl und mehr als einem Gramm Zucker, das meiste Feingebäck. Essen Sie von keiner Brotsorte zu viel!

Geeignete Dosengerichte, Gewürze und andere Zutaten

Aceto Balsamico
Apfelessig
Artischockenböden und -herzen
Bohnen, die meisten
Chilis, grüne
Hühnerbrühe
Jalapeño-Pfefferschoten, einfache und eingelegte
Ketchup, in Maßen, wenn er zusammen mit Proteinen verzehrt wird
Mayonnaise, fettreduziert
Meerrettich, zubereitet
Oliven
Olivenöl
Palmenherzen
Paprika, rot, geröstet

Pickles mit Dill
Rapsöl
Rinderbrühe
Salsas
Sauce Hollandaise
Scharfe Sauce
Senf
Sojasauce, natriumarm
Steaksaucen
Tomaten
Tomatenpüree
Tomatensaft
Tomatensauce (ohne Zuckerzusatz)
Thunfisch
Weißer Essig
Worcestershire-Sauce

Meiden Sie: Baked Beans, fette Mayonnaise, süße Pickles, Marmeladen, Gelees und Konfitüren, die mit Zucker gesüßt sind.

Trockenprodukte aus der Packung

Basmati-Reis
Cerealien, ohne Zuckerzusatz
　(wie All Bran Extra Fiber,
　Oat Bran und Shredded Wheat
　'N Bran)
Cerealien, Weizenvollkorn, ohne
　Zuckerzusatz
Cracker, Vollkorn, z. B. Vollkorn-
　Waffeln oder Roggen-Cracker

Croutons, Weizenvollkorn
Fruktose
Hafer, ganz
Pasta, Weizenvollkorn
Pitta-Brot, steingemahlen
Reis, Brauner, kein Instant-Reis
Süßstoffe
Tortillas, Weizenvollkorn
Weizenvollkorn-Mehl

Meiden Sie: Cerealien mit Zuckerzusatz (die meisten), aromatisierte Instant-Cerealien, Cream of Wheat, normale Cracker, Mehrzweck- und anderes angereichertes Mehl, Produkte, die mit angereichertem Mehl hergestellt sind, Zucker, größere Mengen Weizennudeln, weißen Reis und Risotto.

»Annehmbarer« Alkohol – in Maßen

Rotwein (vorzugsweise trocken) –
　ist gut für Herz und Kreislauf
Sekt und Champagner (vorzugs-
　weise trocken)

Spirituosen mit Wasser, Soda
　oder in zuckerfreien Cocktails
Weißwein (vorzugsweise
　trocken)

Meiden Sie: Bier (Bierbäuche haben ihren Grund – der glykämische Wert von Malzzucker liegt höher als der von Glukose), süße Dessertweine oder Liköre und zuckerhaltige Cocktails

Hinweis: Wir ermutigen Sie nicht, Alkohol zu trinken. Doch natürlich wissen wir, dass viele Leute Alkohol trinken, und wir haben einfach die annehmbarsten Sorten und die Sorten, die man meiden sollte, aufgelistet.

Hülsenfrüchte, die bessere Wahl

Bohnen sind eine ausgezeichnete Quelle für Kohlenhydrate, Proteine und Ballaststoffe und sind fester Bestandteil der Zucker-Knacker-Ernährungsweise. Bohnen können der wichtigste Ersatz sein für die Kartoffeln, den weißen Reis und Mais, die Sie früher gegessen haben.

Obwohl für die Zubereitung getrockneter Bohnen oder Linsen die angestrebten 20 oder 30 Minuten Zubereitungszeit nicht reichen, haben wir einige Bohnenrezepte aufgeführt, weil diese Hülsenfrüchte beim Kochen kaum überwacht werden müssen und weil sie sich im Kühlschrank wenigstens eine Woche halten. Die Rezepte in diesem Kochbuch sind sehr einfach, werden aber durch Zugabe Ihrer Lieblingssalsa aufgewertet. Linsen verbessert man mit einigen Spritzern einer fertigen Pfeffer-Essig-Sauce. Die meisten fertigen Salsas enthalten nur wenig Zuckerzusätze.

Der glykämische Wert und die Blutzucker stimulierende Wirkung steigert sich mit der Kochzeit und der Weichheit der Bohnen. Daher sollten Sie Bohnen nur »al dente«, also bissfest, kochen. Viele Rezepte in Kochbüchern empfehlen Kochzeiten, bei denen die Bohnen sehr weich, wenn nicht sogar breiig – und dadurch hoch glykämisch – werden. Wenn Sie Bohnenrezepte aus anderen Kochbüchern ausprobieren, verringern Sie die Kochzeit um etwa 10 Prozent; so erhalten Sie ein besseres Ergebnis für Ihr Gewicht.

Selbst gekochte getrocknete Bohnen schmecken weitaus besser als Bohnen aus der Dose, sie enthalten mehr Nährstoffe und haben oft einen geringeren glykämischen Wert.

Bohnen immer einweichen

Die verlesenen Bohnen in eine große Schüssel geben. Genügend Wasser zugeben, dass es etwa fünf Zentimeter hoch darüber steht. Die Bohnen über Nacht bei Zimmertemperatur weichen lassen, dann abgießen. Es gibt auch eine schnellere Möglichkeit, die Bohnen einzuweichen. Die Bohnen in einen großen Topf geben und Wasser zugeben, dass sie fünf Zentimeter hoch bedeckt sind. Zum Kochen bringen und fünf Minuten kochen lassen. Zudecken, von der Kochstelle nehmen und eine Stunde ziehen lassen, dann abgießen.

Bohnen auf Vorrat garen

Vorgekochte Bohnen halten sich gut eine Woche im Kühlschrank. Um ein Pfund Bohnen zu garen, die eingeweichten Bohnen und Wasser zum Kochen bringen. Die Hitze verringern und die Bohnen etwa eine Stunde köcheln lassen, bis sie weich, aber noch bissfest sind.

Braten auf Vorrat

Ein anderes Gericht, das gegart und etwa eine Woche gelagert werden kann, ist ein schöner, großer Braten. Braten werden langsam (und ohne viel Mühe) gegart und sollten gut durch, aber noch saftig sein. Das fertige Bratenfleisch kann portionsweise schnell gewärmt werden, als Hauptgericht, in Happen als Vorspeise oder für ein Omelett zum Frühstück.

Grundbrühen (Fonds)

Brühen lassen sich schnell und einfach zubereiten und lohnen, denn selbst gemachte schmecken immer besser als Instant-Brühen oder solche aus der Dose oder aus Gläsern. Man kann sie sehr vielseitig verwenden – sogar anstelle von Wasser beim Garen von Hülsenfrüchten.

Bereiten Sie eine große Menge zu, wenn Sie Zeit haben, und frieren Sie die Brühe portionsweise in Gefrierbeuteln oder unterschiedlich großen Gefrierdosen ein.

Mit kleinen Varianten funktioniert das nachfolgende einfache Rezept für Hühner-, Rinder- oder Fischbrühe.

Für jede Brühe brauchen Sie:
3 l Wasser
3 Zwiebeln, geviertelt
3 Knoblauchzehen, zerdrückt, nach Belieben
3 Selleriestauden, zerkleinert

Für Hühnerbrühe: etwa 3 kg Hals-, Rücken-, Bein- oder Flügelknochen mit Fleischresten (preiswert ist auch so genanntes Hühnerklein), angebräunt

Für Rinderbrühe: etwa 1 bis 1,5 kg Muskelfleisch vom Rind (ohne Knochen!), angebräunt

Für Fischbrühe: 1 1/2 bis 2 kg Fischgerippe (ohne Köpfe) und/ oder Shrimp- oder Krabbenschalen

Wasser, Zwiebeln, Knoblauch, Sellerie und die jeweiligen Brühenzutaten in einen großen Topf geben. Alles zum Kochen bringen. Die Hitze reduzieren und das Ganze köcheln lassen.

Bei Hühner- und Rinderbrühe beträgt die Garzeit bis zu 4 Stunden, bei rasch garender Fischbrühe nur etwa eine Stunde. Die Brühe abgießen, abkühlen lassen und kühl stellen. Bei Hühner- oder Rinderbrühe vor der Verwendung das fest gewordene Fett von der Oberfläche entfernen.

Tipp: Statt der genannten Brühen mit tierischen Zutaten können Sie ohne weiteres Gemüse-Hefe-Brühe (Instant oder selbst gemacht) nehmen. Zur Anreicherung mit Proteinen geben Sie pro Liter 5 bis 6 getrocknete Shiitake-Pilze hinzu.

Geeignete Öle

Speiseöl enthält – in verschiedenen Anteilen – drei unterschiedliche Fettarten (Fettsäuren): gesättigte, mehrfach ungesättigte und einfach ungesättigte. Gesättigte Fette stammen weitgehend von Tieren, zum Beispiel Butter oder Speckfett, und sind bei Zimmertemperatur fest. Es gibt auch pflanzliche Quellen dafür, zum Beispiel Palmöl, Kokosöl oder Kakaobutter. Gesättigte Fette werden mit dem verstärkten Auftreten von Herzkrankheiten und mit erhöhtem Cholesterinspiegel im Blut in Verbindung gebracht.

Mehrfach ungesättigte und einfach ungesättigte Fette stammen in der Regel aus pflanzlichen Quellen, zu denen auch Nüsse und Samen gehören. Die Fette sind bei Zimmertemperatur flüssig. Einige ungesättigte Fette, Linolsäure und Alpha-Linol-Säure, sind in begrenztem Maß unerlässlich in unserer Ernährung, damit wir bei guter Gesundheit bleiben. Diese Fette können helfen, den Cholesterinspiegel zu senken. Zu den Ölen, die gute Quellen für mehrfach ungesättigte Fettsäuren sind, zählen Raps- (Canola-), Saflor-, Sonnenblumen-, Soja-, Mais-, Baumwollsamen- und Sesamöl. Gute Quellen für einfach ungesättigte Fettsäuren sind Oliven-, Raps- und Erdnussöl.

Wählen Sie zum Kochen ein Öl, das wenig gesättigte, mäßig mehrfach ungesättigte und verhältnismäßig viel einfach ungesättigte Fettsäuren enthält. Die nachfolgende Tabelle »Mittlere Fettsäurezusammensetzung einiger Speisefette« hilft Ihnen, eine gute Wahl zu treffen. Wir empfehlen Raps- und Olivenöl.

Denken Sie daran, dass beim Erhitzen mehrfach und einfach ungesättigter Fette Wasserstoff entsteht, der sie in gesättigte Fette verwandelt.

Heben Sie Öl nach der Verwendung nicht auf und verwenden Sie es nicht noch einmal. Aus diesem Grund sind Nahrungsmittel aus Fastfood-Restaurants, wo die Öle oft während des Tages immer wieder erhitzt werden, nicht zu empfehlen.

Mittlere Fettsäurezusammensetzung einiger Speisefette in %

Speisefette	Zusammensetzung in Prozent		
Baumwollsaatöl	25	25	50
Butter	64		33	3
Erdnussöl	19	50	31
Heringsöl	22	56	22
Kokosfett	92		6	2
Maiskeimöl	17	32	51
Olivenöl	19	73	8
Palmkernfett	83		15	2
Palmöl	46	44	10
Rapsöl	8	60	32
Rindertalg	52	44	4
Safloröl	14	24	62
Schweineschmalz	41	49	10
Sojaöl	14	24	62
Sonnenblumenöl	8	27	65

▓ = gesättigte Fettsäuren
▓ = einfach ungesättigte Fettsäuren
▓ = mehrfach ungesättigte Fettsäuren

Quelle: aid (Auswertungs- und Informationsdienst für Ernährung, Landwirtschaft und Forsten (aid) e. V.

3

Gewürze und Kräuter richtig verwenden

Öle und Gewürze erleichtern das Kochen und verbessern den Geschmack Ihrer Lebensmittel. Über diese Zutaten etwas zu wissen, ist nicht nur nützlich, sondern auch gesund, da manche Öle gut für Herz und Kreislauf sind und andere nicht. Wir haben diesen Teil gemäß dem Zucker-Knacker-Konzept eingefügt, damit Sie bei der Zubereitung Ihrer Lieblingsrezepte eine bessere Wahl treffen können.

Würzen nach Geschmack

Verschiedene Gegenden, Kulturen und Einzelpersonen unterscheiden sich beträchtlich in ihrem Geschmack in punkto Gewürzen. In New Orleans bevorzugt man das Essen im Allgemeinen »würzig«. Am besten ist es, wenn Sie verschiedene Gewürze versuchen und nach Ihrem Geschmack verwenden. Gewürze haben nur geringen oder gar keinen Nährwert. Glücklicherweise haben Gewürze einen großen Einfluss auf den Geschmack, aber – bis auf wenige Ausnahmen – keine glykämische oder Blutzucker steigernde Wirkung. So können Sie getrost Gewürze aus aller Welt verwenden, um den Zucker-Knacker-Gerichten, die Sie zubereiten, einen fantastischen Geschmack zu verleihen. Oder wenn es Ihnen lieber ist, können Sie wenig oder gar kein Gewürz zugeben, um den reinen Geschmack von Fleisch oder Gemüse zu genießen. Wenn Sie sich so ernähren, wie Ihre Vorfahren das taten, das heißt mehr Vollkornprodukte und keinen raffinierten Zucker zu sich nehmen, ist das für Ihren Stoffwechsel äußerst vorteilhaft. Doch was Gewürze betraf, mussten sich Ihre Vorfahren auf jene Kräuter und Gewürze beschränken, die in ihrer Region wuchsen. Sie können einem Gemüse oder einem Stück Fisch heute viel mehr Würze geben als Ihre Verwandten vor nur hundert Jahren. Verschenken Sie die Gelegenheit nicht, seien Sie kreativ und befriedigen Sie Ihre Geschmacksknospen voll und ganz.

Weniger geeignete Gewürze: Es gibt jedoch einige Gewürze, die einen beträchtlichen Nährwert und auch eine geringe bis mäßige glykämische Wirkung haben, zum Beispiel Zwiebeln oder Knoblauch. Da die Wirkung jedoch nur begrenzt ist, haben wir diese Gewürze ebenfalls in die Liste der Gewürze aufgenommen, damit es für Sie einfacher ist, Ihre Wahl zur Verbesserung des Geschmacks zu treffen.

Gewürze auswählen: Mit den beiden folgenden Tabellen wollen wir Ihnen auf zweierlei Art helfen, zu entdecken, wie Sie den Geschmack Ihrer Gerichte am besten verstärken können. Erstens können Sie nachsehen, welches Fleisch oder Gemüse Sie zubereiten wollen, und Sie sehen rasch, welche Gewürze dazu traditionell verwendet werden. Zweitens finden Sie, zu welchen Gerichten bestimmte Kräuter oder Gewürze, die Sie im Gefriergerät oder im Garten haben, am besten passen. Daher liefern wir Ihnen auch eine Liste mit Gewürzen, bei denen jeweils aufgeführt ist, zu welchen Nahrungsmitteln sie gut passen.

Tipp: Denken Sie daran, dass alte, ausgetrocknete Gewürze den Geschmack verloren haben. Bewahren Sie Ihre Gewürze in fest verschlossenen Gefäßen, dunkel und nicht in der Nähe des Herdes auf.

Gewürze und Kräuter – was passt wozu?

Fleisch	Gewürze und Kräuter
Fleischklößchen	Basilikum, Bohnenkraut, Knoblauch, Majoran, Oregano, Paprika, Petersilie, Pfeffer (schwarz), Rosmarin, Sellerie, Thymian, Zwiebel
Hamburger	Basilikum, Cayennepfeffer, Knoblauch, Majoran, Oregano, Paprika, Petersilie, Pfeffer (schwarz und weiß), Salbei, Selleriesamen, Thymian, Zwiebel
Huhn	Basilikum, Bohnenkraut, Cayennepfeffer, Pfeffer (schwarz und weiß), Currypulver, Dill, Estragon, Ingwer, Kerbel, Knoblauch, Kurkuma, Majoran, Muskat, Oregano, Paprika, Petersilie, Rosmarin, Safran, Salbei, Sellerie, Sesamsamen, Thymian, Zitronensaft, Zwiebel
Kalb*	Basilikum, Currypulver, Dill, Estragon, Oregano, Petersilie, Pfeffer (schwarz und weiß), Rosmarin, Salbei, Thymian, Zitronensaft, Zwiebel
Lamm*	Curry, Knoblauch, Kurkuma, Majoran, Minze, Oregano, Petersilie, Pfeffer (schwarz und weiß), Rosmarin, Sesamsamen, Thymian, Zwiebel
Leber	Basilikum, Oregano, Pfeffer (schwarz und weiß), Salbei, Schnittlauch, Zwiebel
Rind*	Basilikum, Bohnenkraut, Knoblauch, Kreuzkümmel, Majoran, Meerrettich, Petersilie, Pfeffer (schwarz und weiß), Rosmarin, Salbei, Thymian, Zwiebel
Schinken*	Estragon, Ingwer, Nelken, Senf, Zimt
Schmorfleisch	Knoblauch, Petersilie, Pfeffer (schwarz und weiß), Thymian, Zwiebel
Schwein*	Cayennepfeffer, Chilipulver, Knoblauch, Nelken, Petersilie, Pfeffer (schwarz und weiß), Rosmarin, Salbei, Thymian, Zimt, Zwiebel
Truthahn	Petersilie, Pfeffer (schwarz und weiß), Salbei, Sellerie, Thymian, Zwiebel

* Magere Fleischstücke, von denen außerdem das sichtbare Fett entfernt wurde

Fisch und Meeresfrüchte	*Gewürze und Kräuter*
Fisch	Basilikum, Dill, Estragon, Fenchel, Ingwer, Kurkuma, Lorbeer, Majoran, Muskatblüte, Oregano, Paprika, Petersilie, Pfeffer (schwarz), Rosmarin, Salbei, Schnittlauch, Sellerie, Sesamsamen, Thymian, Zitronensaft, Zwiebel
Hummer	Estragon, Knoblauch, Petersilie, Pfeffer (schwarz), Thymian, Zitronensaft, Zwiebel
Shrimps	Basilikum, Cayennepfeffer, Dill, Ingwer, Knoblauch, Lorbeer, Oregano, Paprika, Pfeffer (schwarz), Petersilie, Schnittlauch, Sellerie, Tabasco, Zitronensaft, Zwiebel

Gemüse	*Gewürze und Kräuter*
Aubergine	Currypulver, Dill, Knoblauch, Oregano, Petersilie, Pfeffer (schwarz und weiß), Rosmarin, Sellerie, Thymian, Zwiebel
Blumenkohl	Bohnenkraut, Currypulver, Dill, Kreuzkümmel, Majoran, Muskat
Bohnen, getrocknet	Cayennepfeffer, Knoblauch, Lorbeer, Petersilie, Pfeffer (schwarz), Sellerie, Senf, Tabasco, Thymian, Zwiebel
Bohnen, Grüne	Basilikum, Bohnenkraut, Knoblauch, Petersilie, Pfeffer (schwarz), Salbei, Sellerie
Brokkoli	Basilikum, Currypulver, Kümmel, Oregano, Thymian, Zitronensaft
Erbsen	Basilikum, Bohnenkraut, Estragon, Knoblauch, Oregano, Petersilie, Pfeffer (schwarz), Rosmarin, Salbei, Schnittlauch, Thymian
Kohl	Estragon, Dill, Kümmel, Minze, Petersilie, Pfeffer (schwarz und weiß), Sellerie, Selleriesamen, Tabasco, Zwiebel
Kürbis	Basilikum, Dill, Estragon, Knoblauch, Petersilie, Pfeffer (schwarz und weiß), Thymian, Zwiebel

Lima-Bohnen	Bohnenkraut, Knoblauch, Lorbeer, Petersilie, Pfeffer (schwarz), Salbei, Sellerie, Zwiebel
Pilze	Estragon, Majoran, Oregano, Pfeffer (schwarz), Rosmarin, Thymian
Rosenkohl	Majoran, Mohnsamen, Rosmarin, Salbei
Spargel	Basilikum, Estragon, Lorbeer, Petersilie, Thymian, Zitronensaft
Spinat	Basilikum, Kerbel, Knoblauch, Majoran, Muskat, Petersilie, Pfeffer (schwarz), Rosmarin, Zwiebel
Süßkartoffeln	Ingwer, Muskat, Nelken, Nelkenpfeffer, Thymian, Zimt, Zwiebel
Tomaten	Basilikum, Estragon, Majoran, Muskatblüte, Muskatnuss, Nelken, Oregano, Petersilie, Pfeffer (schwarz), Rosmarin, Schnittlauch, Zwiebel
Zucchini	Basilikum, Dill, Estragon, Knoblauch, Petersilie, Pfeffer (schwarz und weiß), Thymian, Zwiebel
Zwiebeln	Basilikum, Bohnenkraut, Knoblauch, Oregano, Pfeffer (schwarz), Rosmarin, Schnittlauch, Salbei, Thymian

Obst	Gewürze und Kräuter
die meisten Früchte	Ingwer, Minze, Muskatnuss, Nelken, Rosmarin, Zimt

Milchprodukte und Eier	Gewürze und Kräuter
Eier	Basilikum, Cayennepfeffer, Estragon, Kerbel, Knoblauch, Kurkuma, Majoran, Muskatnuss, Oregano, Paprika, Petersilie, Pfeffer (schwarz), Rosmarin, Salbei, Schnittlauch, Tabasco, Thymian, Worcestershire-Sauce, Zwiebel
Käse	Chilipulver, Paprika, Schnittlauch, Senfsamen

Vollkornprodukte	Gewürze und Kräuter
Pasta und Couscous	Basilikum, Fenchel, Kreuzkümmel, Majoran, Oregano, Petersilie, Safran, Schnittlauch

Salate	Gewürze und Kräuter
Blattsalate, mit und ohne Gemüse	Basilikum, Dill, Estragon, Kerbel, Knoblauch, Majoran, Minze, Oregano, Petersilie, Pfeffer (schwarz), Schnittlauch, Thymian, Zwiebel

Saucen	Gewürze und Kräuter
Käsesaucen	Cayennepfeffer, Currypulver, Paprika, Petersilie, Schnittlauch, Senf, Tabasco, Worcestershire-Sauce, Zwiebel
Cremesaucen	Basilikum, Cayennepfeffer, Currypulver, Estragon, Majoran, Meerrettich, Petersilie, Pfeffer (schwarz), Schnittlauch, Tabasco, Thymian, Worcestershire-Sauce, Zwiebel
Tomatensaucen	Basilikum, Cayennepfeffer, Estragon, Fenchel, Kerbel, Knoblauch, Lorbeer, Oregano, Paprika, Petersilie, Pfeffer (schwarz), Salbei, Schnittlauch, Tabasco, Thymian, Zwiebel

Suppen	Gewürze und Kräuter
Bohnensuppen	Basilikum, Bohnenkraut, Cayennepfeffer, Chilipulver, Knoblauch, Lorbeer, Oregano, Petersilie, Pfeffer (schwarz), Rosmarin, Schnittlauch, Sellerie, Tabasco, Thymian, Zwiebel
Cremesuppen	Lorbeer, Petersilie, Pfeffer (schwarz), Schnittlauch, Sellerie, Zitronensaft
Fischsuppen	Cayennepfeffer, Estragon, Lorbeer, Paprika, Petersilie, Pfeffer (schwarz), Safran, Schnittlauch, Sellerie, Tabasco, Thymian, Zitronensaft, Zwiebel
Gemüsesuppen	Basilikum, Estragon, Lorbeer, Majoran, Nelkenpfeffer, Petersilie, Pfeffer (schwarz), Schnittlauch, Sellerie, Tabasco, Worcestershire-Sauce, Zwiebel

Gumbo	Basilikum, Bohnenkraut, Cayennepfeffer, Kreuzkümmel, Knoblauch, Lorbeer, Majoran, Petersilie, Pfeffer (schwarz), Rosmarin, Sellerie, Tabasco, Thymian, Worcestershire-Sauce
Hühnersuppen	Cayennepfeffer, Lorbeer, Kerbel, Majoran, Paprika, Petersilie, Pfeffer (schwarz), Salbei, Schnittlauch, Sellerie, Thymian, Zwiebel
Klare Brühen	Basilikum, Paprika, Petersilie, Pfeffer (schwarz)
Pilzsuppen	Cayennepfeffer, Estragon, Knoblauch, Petersilie, Pfeffer (schwarz), Schnittlauch
Tomatensuppen	Basilikum, Estragon, Knoblauch, Lorbeer, Nelkenpfeffer, Petersilie, Pfeffer (schwarz), Salbei, Schnittlauch, Sellerie, Thymian, Zwiebel

Gewürze und Kräuter – Geschmack und Verwendung

Gewürze oder Kräuter	Eigenschaften und Verwendung
Anis	Lakritzgeschmack. Passt zu Broten, Fisch und Fleisch.
Basilikum	Frischer, kräftiger Geschmack mit einem aromatischen Duft. Passt zu Eiern, Fleisch, Tomaten, Saucen, Bohnen und Dressings.
Bohnenkraut	Eng mit Minze verwandt. Passt zu Fleisch, besonders Huhn, Saucen, Suppen, Eintöpfen, Salaten und Dressings.
Chilipulver	Mäßiger bis sehr scharfer Geschmack. Passt zu Fleisch, Eiern, Bohnen und Saucen.
Currypulver	Spezieller, kräftiger Geschmack. Passt zu Fleisch, Reis, Huhn, Lamm, Fisch und Gemüsen.
Dill	Scharfer Geschmack. Passt zu Blumenkohl, Gurken, Kohl und anderen Gemüsen, Saucen, Salaten, Eintöpfen, Suppen, Fisch und Fleisch.
Estragon	Beißend scharfer Geschmack. Passt zu Fleisch, Huhn, Saucen, Tomaten, Salaten und Dressings.

Fenchel	Frischer, scharfer Geschmack. Passt zu Fisch, Suppen, Saucen und Broten. Regt den Appetit an. Passt daher auch besonders gut zu Vorspeisen.
Ingwer	Eine Wurzel mit beißendem Geruch. Wichtig in der orientalischen Küche. Passt zu Getränken, Backwaren, Suppen, Fleischgerichten und Saucen.
Lorbeer	Kräftiger Geschmack. Passt zu Fleisch, Fisch und Meeresfrüchten, Spargel, Artischocken, Tomaten, Bohnen, Suppen, Gumbos, Dressings und Tomatensaucen.
Kardamom	Spezieller, würziger Geschmack. Passt zu Currys, Broten und Suppen.
Kerbel	Milder, feiner Geschmack. Passt zu Eiern, Huhn, Erbsen, Spinat und grünen Salaten.
Koriander	Eine Hauptzutat von Chili- und Currypulver. Passt zu gebackenem Fleisch, Lamm, Füllungen, Suppen, Eintöpfen, Gumbos und Wurst.
Kümmel	Würziger Geruch und aromatischer Geschmack. Passt zu Fleisch, Krautsalat, Kohlgerichten und Roggenbroten.
Kurkuma	Milder Ingwer-Pfeffer-Geschmack. Passt zu Eiern, Fleisch, Lamm, Huhn, Fisch, Salaten und Dressings.
Majoran	Minzig-frischer Geschmack. Passt zu Fleisch, Huhn, Lamm, Fisch, Gemüse, Dressings, Suppen und Eintöpfen.
Meerrettich	Äußerst aromatisch. Passt zu Saucen, Roastbeef und öligem Fisch.
Minze	Aromatisch, mit einem kühlen Geschmack. Passt zu Fleisch, besonders zu Lamm, Saucen, Erbsen und Eistee.
Mohnsamen	Reicher Duft mit knusprigem, nussähnlichem Geschmack. Passt zu Brot.
Muskatblüte	Ähnelt Muskatnuss, mit einem duftenden, feinen Unterschied. Passt zu Fisch, Tomaten und Backwaren.
Muskatnuss	Aromatisch, mit leicht bitterem Geschmack. Passt zu Huhn, Süßkartoffeln, Spinat, Eierflip, Käsetoast und Blumenkohl.

Nelken	Von einem tropischen Baum mit stechendem Geruch, spezieller, würziger Geschmack. Passen zu gebackenem Fleisch, Obst, Bohnen, Säften, Zwiebeln, Süßkartoffeln und Tomaten.
Nelkenpfeffer	Das Aroma ähnelt einer Mischung aus Nelken, Zimt und Muskatnuss. Passt zu Fisch, Fleisch, Bohnen und den meisten Gemüsen, Tomaten und Saucen.
Oregano	Kräftiger aromatischer Geruch mit leicht bitterem Geschmack. Passt zu Tomatensaucen, Fisch, Eiern, Huhn, Eintöpfen, Saucen, Suppen und Gemüsen.
Paprikapulver	Angenehmer Geruch mit mild-süßem Geschmack. Passt zu Fleisch, Fisch, Eiern, Eintöpfen, Suppen, Gemüsen und Salatdressings.
Petersilie	Milder, leicht scharfer Geschmack. Passt zu Fleisch, Gemüsen, Suppen, Saucen und kann Ihren Atem erfrischen.
Pfeffer, Cayenne	Hat einen beißenden, scharfen Chiligeschmack. Passt zu Fleisch, Eiern, Saucen und Rezepten mit getrockneten Bohnen.
Pfeffer, schwarz	Kräftiger, fast beißender Geschmack. Passt zu allen Fleischarten, besonders zu Huhn und Truthahn, Saucen und Gemüsen.
Pfeffer, weiß	Wird gemahlen, nachdem die Haut des Pfefferkorns entfernt wurde. Passt zu Fleisch, Saucen und Gemüsen.
Pfefferkörner	Die getrockneten, unreifen Pfefferbeeren. Passen zu Fleisch und Suppen.
Rosmarin	Aromatisch, mit leichtem Kieferngeschmack. Passt zu Fisch, Fleisch, Lamm, Huhn, Eiern, Saucen, Suppen und Gemüsen.
Safran	Kräftig und aromatisch. Passt zu gebackenem Fleisch, Huhn, Reis und Fischsuppen.
Salbei	Kampferartiger, minziger Geschmack. Passt zu Wurst, Hackbraten, Hamburger, Fisch, Schwein, Eiern, Füllungen, Eintöpfen, Suppen, Saucen und Gemüsen.

Salz	Ein ganz eigener Geschmack. Passt zu Fleisch, Huhn, Fisch, Saucen, Dressings, Suppen und Eiern. Setzen Sie Salz beim Kochen sparsam ein und vermeiden Sie die zusätzliche Verwendung von Salz bei Tisch.
Schnittlauch	Frischer, milder Zwiebelgeschmack. Passt zu Fisch, Salaten und Suppen.
Selleriesamen	Geschmack von Sellerie. Passt zu Fisch, Fleisch, Gemüse, Suppen und Salaten.
Senf	Scharfer Geschmack. Passt zu Fleisch, Saucen, Bohnen, Salaten und Dressings.
Sesamsamen	Nussiger, aromatischer Geschmack. Passen zu Brot, Fisch, Huhn und Lamm.
Tabascosauce	Sehr scharf. Passt zu Fleisch, Fisch und Meeresfrüchten, Saucen, Suppen, Gumbo und Eiern.
Thymian	Kräftiger, spezieller Geschmack. Passt zu Fleisch, Fisch, Huhn, Suppen, Saucen, Füllung, Eintöpfen, Gumbo und Gemüsen.
Vanille	Aus der konservierten Samenschote der Vanilleranke, einem Mitglied der Orchideenfamilie. Verbessert Eiscremes, Eiercremes und gedämpftes Obst.
Zimt	Spezieller, süßlicher Geschmack. Passt zu Eiercremes, Puddings, Obst und Hafergrütze.

Anmerkung: Stevia, ein in den USA verwendeter Zuckerersatzstoff (Süßstoff), der aus der in Südamerika wachsenden Pflanze *Stevia rebaudiana* hergestellt wird, ist in den EU-Staaten noch nicht zugelassen. Es ist daher als Süßstoff-Produkt nicht zu haben. In Naturkostläden sind aber die getrockneten Blätter der Pflanze erhältlich. Stevia darf nicht mit Malzzucker gemischt werden (besonders wichtig für Diabetiker). Andere, ähnliche – kalorienfreie – Süßungsmittel pflanzlichen Ursprungs finden Sie sowohl in Naturkostläden als auch im Reformhaus.

4

Zucker-Knacker-Frühstück

Fangen Sie den Tag gut an – mit einem herzhaften Frühstück. Das heißt nicht, dass Sie jeden Tag Schinken und Ei mit sehr vielen Proteinen essen oder jeden Morgen eine Schüssel mit Hafergrütze leeren sollen. Beide Arten von Frühstück können jedoch gesund sein und passen zur Zucker-Knacker-Ernährungsweise. Ein eindeutiger Vorteil von Schinken, Ei und einer einzigen Scheibe Vollkorntoast ist, dass Sie gar nicht schneller abnehmen können. Andererseits steigt Ihr Risiko für eine Herz-Kreislauf-Erkrankung, wenn Sie täglich größere Mengen gesättigter Fette zu sich nehmen, die in Schinken, Speck und Wurst enthalten sind. Wer erblich vorbelastet zu einem hohen Cholesterinspiegel neigt, sollte auch möglichst wenig Nahrungsmittel mit hohem Cholesterinanteil essen.

Jeden Tag Hafergrütze zu essen wäre zwar eine fantastische Möglichkeit, um den Tag mit einer ordentlichen Portion Kohlenhydrate zu beginnen, doch Menschen mit einem langsamen Stoffwechsel hätten beträchtliche Schwierigkeiten mit dem Abnehmen. Genießen Sie also Ihr Frühstück und wechseln Sie von Zeit zu Zeit ab. Orientieren Sie Ihre Auswahl auch an Ihren jeweiligen Bedürfnissen: Wenn Sie abnehmen wollen, nehmen Sie mehr Proteine zu sich, und wenn Sie Ihr Gewicht halten wollen, mehr ballaststoffreiche Kohlenhydrate.

Essen Sie viel Obst. Nehmen Sie sich die Zeit, um eine richtige Menge dieses Nahrungsmittels zu verzehren, das bei unseren Vorfahren, die südlich des Polarkreises lebten, ein fester

Bestandteil der Ernährung war. Wenn Sie zum Frühstück kein Obst essen, nehmen Sie es als Snack im Lauf des Vormittags oder Nachmittags. Essen Sie als Alternative manchmal auch einige Früchte zum Frühstück. Ein reines Obstfrühstück ist gesund, und Sie brauchen auch keine Angst zu haben, dass Sie zunehmen.

Zucker-Knacker-Frühstücks-Planer

Gute Frühstücksideen	Lebensmittel, die Sie meiden sollten
Ganze Früchte sind am besten, frisch gepresster Saft kommt an zweiter Stelle und Saft aus Konzentrat, dem kein Zucker zugesetzt wurde, ist annehmbar (viele Ballaststoffe sind dort verloren gegangen)	Fruchtsaftgetränke mit Zuckerzusatz
Vollkorntoast	Weizentoast
Weizenvollkorn-Bagels	Weizenbagels
Vollkorn-Cracker	Normale Plätzchen, Croissants und Backwerk
Fruchtaufstrich ohne Zuckerzusatz	Mit Zucker gesüßte Marmeladen, Gelees und Konfitüren
Omeletts und Eiergerichte (aus Eiern oder nicht fettem flüssigem Eiersatz)	
Schinken, bei dem alles sichtbare Fett entfernt wird (nicht mit Zucker konserviert), in Maßen	Mit Zucker konservierten Schinken
Magerer Speck oder Frühstücksspeck (nicht mit Zucker konserviert) in Maßen	Fetten oder mit Zucker konservierten Speck

Gute Frühstücksideen	Lebensmittel, die Sie meiden sollten
Vollkorn-Cerealien ohne Zucker zusatz oder mit weniger als 3 Gramm Zuckerzusatz	Cerealien auf Reis- oder Mais- basis und alle Cerealien, die mehr als 3 Gramm Zucker pro Portion enthalten, Cornflakes, Puffreis und ähnliche Produkte, die Zucker oder weißes Mehl enthalten
Die meisten frischen Früchte, z. B. Aprikosen, Grapefruits, Kirschen, Datteln, Erdbeeren, Heidelbee- ren, Kiwis, Äpfel, Pfirsiche, Nek- tarinen, Mandarinen, Orangen, Mangos und Weintrauben	Ananas, Rosinen, reife Bananen
Tiefgefrorenes oder Obst in Dosen ohne Zuckerzusatz	Tiefgefrorenes Obst mit Zucker- zusatz, Obst in Dosen in Sirup
Einfacher fettarmer oder ent- rahmter Jogurt, auch mit Frucht- geschmack ohne Zuckerzusatz	Mit Zucker gesüßten Jogurt
Fettreduzierter Hüttenkäse	Hüttenkäse mit Ananas

Rezepte fürs Frühstück

Überblick

Bagel und Frischkäse
Volles Korn und Proteine
1 Portion

1 Vollkornbagel, halbiert
2 Esslöffel fettarmer Frischkäse

Den Bagel beliebig dunkel toasten. Auf jede Hälfte einen Esslöffel Frischkäse geben.

Tipp: Dieses leckere Frühstück ist nicht stark glykämisch, daher können Sie es oft mit ruhigem Gewissen genießen. Nehmen Sie den Frischkäse einige Zeit vor dem Verzehr aus dem Kühlschrank und toasten Sie den Bagel oder wärmen Sie ihn zumindest. Frischkäse mit Zimmertemperatur auf einem warmen Bagel schmeckt bedeutend aromatischer als kalter Frischkäse auf einem kalten Bagel.

Frühstücks-Cerealien
Besser ohne Zucker

Es gibt kaum Frühstücks-Cerealien ohne beträchtliche Mengen an verschiedenen raffinierten Zuckern. Sie sind in der Zutatenliste auf den Packungen aufgeführt, dazu gehören Zucker (raffinierter weißer Haushaltszucker), brauner Zucker, Rohzucker, Glukose, Dextrose, Maltose (Malzzucker), Maissirup, Honig und Melasse. Weitere mögliche Zusätze haben ebenfalls eine starke glykämische oder Blutzucker steigernde Wirkung, zum Beispiel Maltodextrin (das eine sehr starke Reaktion hervorruft), gemälzte Gerste und einige Zuckeralkohol-Sorten wie Sorbitol und Maltit (ein Disaccaridalkohol).

Obwohl die folgenden Cerealien immer noch eine leichte glykämische Wirkung haben, werden sie jedoch als akzeptabelste betrachtet.

Fiber One

Fiber Wise

Hafergrütze (siehe Rezept, Seite 51)

Pearled Barley

Shredded Wheat 'N Bran

Tipp: Wenn Sie in Ihrem Supermarkt keine akzeptablen Cerealien finden, versuchen Sie es in einem Naturkostladen oder Reformhaus. Dort werden Sie bestimmt fündig.

Omelett mit Käse und grünen Zwiebeln
Damit können Sie nichts falsch machen!
1 Portion

2 Teelöffel Oliven- oder Rapsöl
2 Lauchzwiebeln, in Würfeln,
dazu etwa 5 cm Grün, zerkleinert
1/8 Teelöffel Würzsalz
2 große Eier
Schwarzer Pfeffer aus der Mühle
30 g milder Cheddar-Käse, gerieben

Öl, Zwiebeln und Salz in einer kleinen beschichteten Pfanne mischen. Bei Mittelhitze etwa 3 Minuten braten, bis die Zwiebeln weich sind. In einer Schüssel die Eier und schwarzen Pfeffer – Menge nach Belieben – verschlagen. Diese Mischung in die Pfanne geben und kurz umrühren, um die Eier zu »zerreißen«. Ohne weiter zu rühren, etwa 2 Minuten garen, bis die Eier leicht gestockt sind. Den Käse darauf streuen. Die Pfanne schräg halten und mit einem Pfannenwender das Omelett falten, um die Füllung einzuschließen. Noch 1 Minute garen, bis der Käse geschmolzen ist. Das Omelett auf einen Teller gleiten lassen und sofort servieren.

Tipp: Mit diesem beliebten Gericht können Sie nichts falsch machen. Zum Salzen eignet sich jedes gewürzte Salz. Sie können auch scharfen (alten) Cheddar-Käse nehmen, um das Omelett pikanter zu machen.

Eier Benedikt
Mit Recht ein weltberühmtes Gericht
1 bis 2 Portionen

1 l Wasser
2 Esslöffel weißer Essig
2 große Eier
2 Scheiben Vollkornbrot
2 Scheiben Speck oder Schinken,
in Kreise von 8 cm Durchmesser geschnitten
3 Esslöffel Sauce Hollandaise (s. S. 226 und 227)

Wasser und Essig zum Kochen bringen. Jedes Ei einzeln in eine kleine Schüssel aufschlagen und ins Wasser gleiten lassen. Etwa 4 Minuten köcheln lassen, bis die Eier gestockt sind. Während die Eier garen, das Brot toasten und jede Scheibe zu einem Kreis mit 8 cm Durchmesser zurechtschneiden. Den Speck oder Schinken in einer beschichteten Pfanne auf jeder Seite etwa 1 Minute warm werden lassen. Auf jede Toastscheibe eine Scheibe Speck oder Schinken und ein pochiertes Ei geben. Jeweils mit 1 1/2 Esslöffel Sauce Hollandaise beträufeln. Sofort servieren.

Tipp: Bei dieser gesunden Variante werden die typischen englischen Muffins, die wesentlich stärker glykämisch sind, durch gesunden Vollkorntoast ersetzt. Wenn Sie Schinken anstatt Speck verwenden, achten Sie darauf, dass er nicht mit Zucker konserviert wurde. Am besten schmeckt selbst gemachte Sauce Hollandaise (probieren Sie eines der Rezepte auf den Seiten 226 und 227), aber mit fertiger Sauce ist dieses exquisite Frühstück sehr schnell zuzubereiten. Zur Abwechslung können Sie das Gericht auch mit angewärmter Salsa oder sogar mit etwas Steaksauce beträufeln.

Eier Sardou
Für Artischocken-Liebhaber und obendrein ohne Brot
2 bis 4 Portionen

1 l Wasser
2 Esslöffel weißer Essig
4 große Eier
4 Artischockenböden aus der Dose, abgegossen (oder 4 Artischockenherzen, abgegossen und halbiert)
1/2 Teelöffel Butter
1 300-g-Packung TK-Rahmspinat
60 ml plus 2 Esslöffel Sauce Hollandaise (s. S. 226 und 227)
Salz
Schwarzer Pfeffer aus der Mühle

Das Wasser und den Essig in einem Topf zum Köcheln bringen. Jedes Ei einzeln in eine kleine Schüssel aufschlagen, ins Wasser gleiten lassen und etwa 4 Minuten köcheln lassen, bis es gestockt ist. Den Spinat nach den Anweisungen auf der Packung zubereiten. Die Artischockenböden und die Butter in eine kleine Pfanne geben und bei Mittelhitze erwärmen. Den Rahmspinat auf Tellern anrichten. Auf jede Portion einen Artischockenboden setzen und obenauf ein pochiertes Ei geben. Über jedes Ei Sauce Hollandaise träufeln. Mit Salz und Pfeffer abschmecken und sofort servieren.

Tipp: Eier sind eine ausgezeichnete und preiswerte Proteinquelle. Dazu liefert der Spinat einen beträchtlichen Anteil der empfohlenen täglichen Menge an Vitamin A, Vitamin C und Folsäure sowie die Mineralstoffe Kalzium und Magnesium.

Frisches Obst und Jogurt
Ein süßer Start in den Tag!
2 Portionen

150 g fettarmer oder fettloser Naturjogurt
(ohne Zuckerzusatz)
150 g gemischtes frisches Obst (3 Sorten,
zum Beispiel Aprikose, Kiwi und Nektarine), gewürfelt
1/4 einer kleinen Zitrone oder Limette
4 Vollkorn-Cracker
30 g Philadelphia-Käse light
oder ein anderer fettreduzierter Frischkäse

Jogurt und Obst in einer Schüssel mischen. Die Zitrone oder
Limette über der Mischung ausdrücken und alles gut mischen.
In zwei Schälchen füllen. Die Cracker mit Frischkäse bestrei-
chen und zum Obst-Jogurt servieren.

Tipp: Für ein schnelles, aber nahrhaftes Frühstück können Sie das
Obst am Abend zuvor vorbereiten und mischen und über Nacht im
Kühlschrank aufbewahren. Solange Sie stark glykämische Früchte
wie Bananen, Rosinen und Ananas meiden, ist die Auswahl unbe-
grenzt – probieren Sie verschiedene Mischungen mit Apfel, Beeren, Kirschen, Weintrauben, Honigmelone, Orange, Pfirsich, Pflau-
me oder Mandarine.

Herzhafte Hafergrütze
Aber bitte ohne braunen Zucker!
2 Portionen

1/2 l Wasser
1 Prise Salz
80-90 g Hafergrütze
Süßstoff (max. 6 Tabletten Süßstoff
oder 5 Teelöffel Fruchtzucker)
Milch oder Sahne, nach Belieben

Wasser und Salz in einem Topf mischen und bei großer Hitze zum Kochen bringen. Langsam die Hafergrütze einrühren. Die Hitze auf Mittelhitze reduzieren und die Hafergrütze unter vorsichtigem Rühren garen, bis sie eingedickt ist. Den Topf von der Kochstelle nehmen. 2 Minuten ziehen lassen und nach Belieben süßen und mit Milch oder Sahne abschmecken. Sofort servieren.

Tipp: Hafergrütze liefert eine natürliche und nahrhafte Portion Kohlenhydrate, die eine beträchtliche Menge löslicher Ballaststoffe enthalten. Die Hafergrütze darf aber nicht zu lange kochen, da sonst ihr glykämischer Wert steigt. Die Hafergrütze ist feucht und cremig, daher hängt die Zugabe von etwas Milch (oder Sahne, wenn Sie schwelgen wollen) von Ihrem persönlichen Geschmack ab.

Omelett-Leckerbissen
Die ideale Fleisch- oder Geflügelresteverwertung
1 Portion

40 g Reste von gekochtem Rind-, Hähnchen-, Lamm-
oder Schweinefleisch oder von Shrimps
2 große Eier
2 Teelöffel frische Kräuter, fein zerkleinert
(Kräuter nach Wahl, siehe Tipps)
Salz
Schwarzer Pfeffer aus der Mühle

Fleischreste oder Shrimps in eine kleine beschichtete Pfanne
geben. Bei Mittelhitze etwa 2 bis 3 Minuten garen, bis sie
durchgewärmt sind. In einer Schüssel Eier, Kräuter, Salz und
Pfeffer verschlagen. Die Eiermischung in die Pfanne geben und
kurz verrühren. Ohne umrühren noch zwei Minuten garen,
bis die Eier leicht gestockt sind. Mit einem Pfannenwender die
eine Hälfte des Omeletts über die andere schlagen, damit die
Füllung eingeschlossen ist. Weitere 30 Sekunden garen, dann
das Omelett auf einen Teller gleiten lassen und sofort servieren.

Tipp: Bewahren Sie auch kleine Fleischreste für dieses einfache
und sparsame Frühstücksgericht auf. Wählen Sie die – möglichst
frischen – Kräuter (oder Gewürze) passend zur Fleisch- oder Geflü-
gelsorte bzw. zu den Shrimps aus (entsprechende Tipps finden Sie
in der Kräuter- und Gewürzeliste auf den Seiten 37 bis 39). Sind die
Reste bereits stark gewürzt, sollten Sie eventuell auf zusätzliche
Würze verzichten. Das Omelett können Sie mit einer Scheibe Vollkorntoast servieren.

Eier-Frühstück mit gegrillten Tomaten
Eier ohne zusätzliche gesättigte Fette
1 Portion

1 Esslöffel Oliven- oder Rapsöl
3 Tomatenscheiben, etwa 0,5 cm dick
Salz
Schwarzer Pfeffer aus der Mühle
1 oder 2 große Eier
Frische Petersilie zum Garnieren

Das Öl in einer kleinen oder mittelgroßen (je nach Anzahl der verwendeten Eier) beschichteten Pfanne bei Mittelhitze erhitzen. Die Tomatenscheiben hinzufügen und etwa eine Minute pro Seite garen, bis sie gebräunt sind. Mit Salz und Pfeffer abschmecken. Die Tomaten auf einen Teller geben und das Ei/die Eier ins restliche Öl in der Pfanne geben. 2 bis 3 Minuten garen, bis das Eiweiß gestockt und das Eigelb so fest ist, wie gewünscht. Auf den Teller mit den Tomaten geben und mit Petersilie garnieren. Sofort servieren.

Tipp: Diesem Frühstück haben wir keine zusätzlichen gesättigten Fette in Form von Fleisch hinzugefügt. Viele Menschen essen zu viel Speck, Schinken oder Wurst, die mit Zucker konserviert wurden und eine große Menge der täglich erlaubten Höchstmenge an gesättigten Fetten enthalten. Genießen Sie Ihre Eier mit 2 Scheiben »Leckerem Toast« (s. S. 58).

Leckeres spanisches Omelett
Viva Mexico!
2 Portionen

1 kleine Zwiebel, fein gewürfelt
1 kleine Knoblauchzehe, fein zerkleinert
2 Stangen Staudensellerie in dünnen Scheiben
80 g frische Tomaten, fein gewürfelt
1 Esslöffel Butter
2 Esslöffel grüne Chilis aus der Dose in Würfeln
3 große Eier
2 Esslöffel Wasser
1/4 Teelöffel Salz
1/8 Teelöffel schwarzer Pfeffer aus der Mühle
Tabasco
oder eine andere scharfe Sauce oder Salsa,
nach Belieben

Zwiebeln, Knoblauch, Sellerie, Tomaten und einen halben Esslöffel Butter in eine große beschichtete Pfanne geben. Bei mittlerer Hitze 7 bis 8 Minuten garen, bis die Gemüse weich werden und der Saft fast verdampft ist. Chilis zugeben und eine weitere Minute garen. In der Zwischenzeit die Eier in einer kleinen Schüssel mit dem Wasser, Salz und Pfeffer verschlagen. Die Gemüse aus der Pfanne nehmen und beiseite stellen. Die restliche Butter in die Pfanne geben und zerlassen. Die Eimischung zugeben und etwa 3 Minuten garen, bis die Eier leicht gestockt sind. Die gekochten Gemüse darauf verteilen, die Pfanne schräg – vom Körper weg – halten und mit einem Pfannenwender die eine Hälfte des Omeletts über die andere schlagen, damit die Füllung bedeckt ist. Weitere 30 Sekunden garen. Das Omelett auf einen Teller gleiten lassen und nach

Belieben mit einem Spritzer einer scharfen Sauce oder Ihrer Lieblingssalsa abschmecken. Sofort servieren.

Tipp: Omeletts gehören zu den vielseitigsten Gerichten. Sie können in Minuten zubereitet werden mit Dutzenden verschiedener Füllungen – nur Ihr Geschmack und der Inhalt Ihrer Vorratskammer setzen Ihrer Fantasie Grenzen. Einige Probeläufe, und Sie sollten die Technik des Omelettzubereitens so gut beherrschen, dass es ein fester Bestandteil in Ihrer schwach glykämischen Küche wird. Und denken Sie immer daran – wenn ein Omelett misslingt, ist die schlimmste Folge ein genauso würziger Berg von Rühreiern!

Würzige Eier mit Salsa
Grüne Chilis und Salsa passen fast zu allem!
2 Portionen

100 g ganze grüne Chilis aus der Dose, abgegossen
1 Esslöffel Butter
4 große Eier, Salz
1/8 l Salsa

Chilis in 1,5 cm dicke Streifen schneiden und sie als Kreis oder Quadrat auf zwei Tellern anrichten. Für beidseitig gebratene Spiegeleier eine beschichtete Pfanne erhitzen. Die Butter zugeben und erhitzen, bis sie brutzelt. Alle Eier in die Pfanne aufschlagen (Spiegeleier-Ringe verwenden oder das Eiweiß mit dem Pfannenwender trennen, sodass es einzelne Spiegeleier ergibt). Die Eier mit Salz abschmecken. Die Hitze reduzieren und die Eier etwa 2 Minuten garen, bis das Eiweiß fest wird und an der Unterseite leicht bräunt. Die Eier umdrehen und weitere 10 bis 15 Sekunden garen, bis auch die andere Seite fest ist. Für normale Spiegeleier nach dem Reduzieren der Hitze die Pfanne zudecken und nur auf einer Seite 2 bis 3 Minuten braten, bis das Eiweiß fest ist und das Eigelb die gewünschte Festigkeit hat. Die Salsa in einer kleinen, für die Mikrowelle geeigneten Schüssel in der Mikrowelle erhitzen. Das dauert – abhängig vom Gerät – 1 bis 2 Minuten. In der Mitte jedes Rahmens aus grünen Chilis ein Ei legen und mit warmer Salsa beträufeln.

Tipp: Bereiten Sie die Eier nach Ihrem Geschmack zu – auf beiden Seiten gebraten oder normal. Kochen Sie selbst frische Salsa (s. S. 233) oder verwenden Sie Ihre fertige Lieblingssalsa. Eine Scheibe Vollkornbrot passt hervorragend zu diesem Eier-Frühstück.

Fantastischer französischer Toast
Eine pikant-süße Frühstücksleckerei
1 Portion

1 großes Ei
80 ml Milch
1 Teelöffel mexikanische Vanille
1 Teelöffel gemahlener Zimt
1 Teelöffel Muskatnuss, frisch gerieben
Zuckerersatzstoff
2 Esslöffel Pflanzenöl
2 Scheiben Vollkornbrot
Zimt

Das Ei in einer kleinen Schüssel verschlagen. Milch, Vanille, Zimt, Muskatnuss und Zuckerersatzstoff zugeben und gut verrühren. Das Brot hinzufügen und etwa 5 Minuten einweichen. Das Brot umdrehen und noch einige Minuten weichen lassen, bis es die ganze Eimischung aufgesogen hat. Das Öl in einer mittelgroßen Pfanne erhitzen. Das Brot zugeben und auf jeder Seite 1 bis 2 Minuten braten, bis es gut gebräunt ist. Mit Zimt bestäubt servieren und nach Belieben noch etwas Zuckerersatzstoff zugeben.

Tipp: Dies ist ein Lieblingsrezept von Sheila Leach aus New Orleans, die mit der Zucker-Knacker-Ernährungsweise fast 40 kg abgenommen hat.

Leckerer Toast
Wenn Sie erst einmal aufgehört haben,
raffinierten Zucker zu essen,
schmeckt dieser Toast wie Kuchen.
1 Portion

2 Esslöffel Olivenöl
2 Scheiben Weizenvollkorn-Toast

Das Öl bei mittlerer Hitze in eine mittelgroße beschichtete Pfanne geben. Das Brot hinzufügen, rasch umdrehen, damit die Scheiben auf beiden Seiten mit Öl bedeckt sind. Etwa 1 Minute braten, bis der Toast schön braun ist, dabei aufpassen, dass er nicht anbrennt.

Tipp: Trinken Sie dazu Kaffee, Tee oder fettarme Milch. Für etwas zusätzlichen Geschmack können Sie zwei Streifen Zitronen-, Orangen- oder Limettenschale (ungespritzt) in die Pfanne geben, während Sie das Fett erhitzen.

Western-Omelett

Ein Cowboy-Vergnügen!

2 Portionen

1 mittelgroße Zwiebel, klein gewürfelt
1/2 mittelgroße rote und/oder grüne Paprika, fein zerkleinert
60 g kleine Champignons, in feinen Scheiben
50 g Schinkenwürfel (nicht mit Zucker konserviert)
2 Teelöffel Rapsöl
4 große Eier, Salz
Schwarzer Pfeffer aus der Mühle
40 g scharfer (alter) Cheddar-Käse, gerieben

Backofen auf 180 °C (Gas Stufe 2) vorheizen. Zwiebeln, Paprika, Pilze, Schinken und Öl in eine mittelgroße Pfanne mit einem backofenfesten Stiel geben. Unter ständigem Rühren auf der Kochstelle bei Mittelhitze 4 bis 5 Minuten garen, bis die Gemüse weich sind. Eier, Salz und Pfeffer in einer Schüssel verschlagen und in die Pfanne geben. Etwa 3 Minuten garen, bis die Eier leicht gestockt sind. Den Käse darüber streuen, die Pfanne in den Backofen geben. 1 bis 2 Minuten backen, bis der Käse goldbraun ist. Das Omelett mit einem Pfannenwender halbieren und jede Hälfte vorsichtig aus der Pfanne heben. Ganz heiß servieren.

Tipp: Dieses herzhafte »Rancher«-Frühstück liefert eine gute Kombination aus Proteinen und Kohlenhydraten und sollte Sie gut sättigen, bis Sie in der Mitte des Vormittags einen Imbiss aus einer Frucht oder einigen Nüssen zu sich nehmen. Das Omelett ist so groß, dass es schwer umzudrehen wäre, deshalb gibt man es besser in den Backofen und lässt es dort bräunen. Mit Weizenvollkornbrot servieren.

5

Zucker-Knacker-Mittagessen

Viele Menschen nehmen das Mittagessen an Wochentagen nicht zu Hause ein, geschweige denn, dass sie es während der Woche selber zubereiten. Doch es gibt ja die Wochenenden, und der Magen knurrt genau dann, wenn Sie versuchen, in Ihrem Haushalt alles in der Woche Versäumte aufzuarbeiten. Die folgenden Rezepte sind daher darauf bedacht, dass sie nur eine möglichst geringe Unterbrechung ihrer Wochen- oder Wochenendarbeit oder Ihres Vergnügens bedeuten. Es handelt sich also um schnelle und einfache, aber keineswegs fade Rezepte.

Bevorzugen Sie mild gewürzte Gerichte, lassen Sie jene Zutaten weg, von denen Sie denken, dass sie mehr Würze oder Schärfe geben, als Ihr Geschmacksempfinden verträgt. Im Gegensatz dazu können Sie auch mehr von den entsprechenden Gewürzen verwenden, wenn Sie gern scharf essen!

Ein wesentlicher Vorteil eines gering glykämischen Mittagessens ist, dass Sie nicht in gleichem Maß mit Unterzucker (Hypoglykämie) reagieren, wie es bei einem zuckerreichen, stark glykämischen Mahl der Fall wäre. Ein stark glykämischer Lunch treibt bei vielen Menschen den Blutzuckerspiegel in die Höhe. Dieser fällt jedoch sehr rasch (in einer Stunde oder weniger) wieder stark ab. Dadurch wird man entweder träge und schläfrig oder bekommt schwitzige Hände, wird nervös und reizbar. Wäre es nicht schön, ein vollständiges Mittagessen zu genießen und nicht mit solchen Folgen rechnen zu müssen?

Bei den Rezepten für das Mittagessen (und Abendessen) geben wir mitunter eine Dose von diesem oder jenem an, weil konservierte Lebensmittel die einfachste Art sind, schnell etwas Essbares auf den Tisch zu bringen. Doch denken Sie daran, dass die beste Wahl immer die frische oder auch die tiefgefrorene Version ist. Und wenn Sie Zeit haben, ersetzen Sie die Dosenware durch die entsprechenden frischen Zutaten. Genießen Sie Ihr Mittagessen!

Zucker-Knacker-Mittagessen-Planer

Gute Mittagessen-Ideen	Lebensmittel, die Sie meiden sollten
Milch, Säfte ohne Zuckerzusatz, Eistee ohne Zuckerzusatz, Limonade mit Süßstoff, Diät-Cola – zur Mahlzeit alle Flüssigkeiten in Maßen, selbst Wasser	Mit Zucker gesüßte Säfte, Eistee, Limonade und Cola
Grobe Grieß-Pasta-Gerichte	Weizenmehl-Pasta-Gerichte
Brauner Reis oder brauner Basmati-Reis, in Maßen	Weißer Reis
Mageres Fleisch, bei dem alles sichtbare Fett entfernt wird, oder enthäutetes Geflügel	Fettes Fleisch und Geflügelhaut, kalter Aufschnitt mit Zuckerzusatz
Alle Fische und Meeresfrüchte ohne Panade	
Gegrillte Tomaten, Pilze, Bohnen und Linsen, Süßkartoffeln in Maßen	Pommes frites, gebackene und andere weiße und rote Kartoffeln, Mais
Die meisten frischen, tiefgefrorenen Gemüse oder Gemüse in Dosen und Gläsern	Rote Bete, Möhren, Pastinaken und gefrorene Gemüse oder Gemüse aus der Dose mit Zuckerzusatz
Vollkorn- und Weizenvollkornbrot, Pumpernickel	Weißbrot, französisches Brot, italienisches Brot

Gute Mittagessen-Ideen	Lebensmittel, die Sie meiden sollten
Pitta-Brot aus steingemahlenem Mehl	Normales Pitta-Brot
Weizenvollkorn-Tortillas	Mais- und Weizenmehl-Tortillas
Vollkorn-Cracker	Normale Cracker, Reis-Cracke
Natürliche Erdnussbutter ohne Zuckerzusatz	Erdnussbutter mit Zuckerzusatz
Fruchtaufstrich ohne Zuckerzusatz	Mit Zucker gesüßte Marmeladen, Gelees und Konfitüren
Selbst gemachte Suppen und fertige Suppen ohne Zusatz von Zucker oder weißem Mehl	Suppen auf Mais- oder Kartoffelbasis, Reissuppen, Suppen mit Zusatz von Zucker oder weißem Mehl
Nüsse	Chips, Brezeln
Das meiste frische Obst, z. B. Aprikosen, Grapefruits, Kirschen, Erdbeeren, Heidelbeeren, Kiwis, Äpfel, Pfirsiche, Nektarinen, Mandarinen, Orangen, Mangos und Trauben	Ananas, Rosinen, reife Bananen, Wassermelonen
Natürlich gesüßtes tiefgefrorenes Obst oder Obst aus der Dose ohne Zuckerzusatz	Tiefgefrorenes Obst mit Zuckerzusatz, Dosenobst in Sirup
Einfacher fettarmer oder entrahmter Jogurt oder mit Fruchtgeschmack ohne Zuckerzusatz	Mit Zucker gesüßten Jogurt
Fettreduzierter Hüttenkäse	Hüttenkäse mit Ananas
Nüsse, Käse, zuckerfreie Eiscreme	Plätzchen, Kuchen, normale Eiscreme

Rezepte fürs Mittagessen

Überblick

Hauptgerichte

Suppen

Italienische Artischockensuppe, Seite 88
Kräftige kalte Avocadosuppe, Seite 89
Schnelle Suppe aus Schwarzen Bohnen, Seite 90
Traditionelle Suppe aus Schwarzen Bohnen, Seite 91
Knoblauch-Weiße-Bohnen-Suppe, Seite 93
Hühnersuppe mit Tomaten und Grünen Bohnen, Seite 94
Einfache Hühnersuppe, Seite 95
Französische Zwiebelsuppe, Seite 96
Gazpacho-Suppe, Seite 97
Suppe mit grünen Chilis und Jalapeño-Schoten, Seite 98
Süßkartoffelsuppe, Seite 100
Kalte Tomaten-Gurken-Suppe, Seite 101
Suppe ohne Tortillas, Seite 102

Hühnchen mexikanisch
Viva Zapata!
4 bis 6 Portionen

400 g gekochtes Hühnerfleisch, zerkleinert
100 g eingelegte grüne Chilis, zerkleinert
2 Esslöffel Jalapeño-Pfefferschoten aus der Dose,
in Scheiben
1/4 l Enchiladasauce aus der Dose
1/4 l Hühnersuppe
1/8 l Kondensmilch
1/8 l fettarme Milch
500 g gekochter brauner Reis
Korianderkraut, nach Belieben

Backofen auf 180 °C (Gas Stufe 2) vorheizen. Hühnerfleisch, Chilis, Pfefferschoten und Käse in eine gläserne, feuerfeste 2-Liter-Auflaufform geben. Enchiladasauce, Hühnersuppe, Kondensmilch und Milch zugeben. Alles gut mischen. Etwa 20 Minuten backen, bis das Ganze heiß ist und Blasen wirft. Den Reis in flache Schalen füllen und die Hühnerfleischmischung darüber geben. Nach Belieben mit Koriander garnieren.

Tipp: Dieses einfache Mittagessen, das aus nur einem Gericht besteht, ist üppig und äußerst würzig. Es ist eine erlaubte Völlerei, denn es enthält etwas viel Fett und viele Kalorien. Bereiten Sie es daher nur gelegentlich zu.

Caesar's Salat mit Hähnchen
Ein wahrer Klassiker
4 Portionen

1 Romanasalat
100 ml Caesar's-Dressing (s. S. 217)
1–2 große Hähnchenbrüste, gekocht und zerkleinert
60 g Vollkorn-Croûtons
2 Esslöffel Parmesan-Käse, zerkleinert

Salat waschen, trocknen und in feine Streifen schneiden. In einer großen Schüssel Salat und Dressing gründlich mischen. Den Salat auf Tellern anrichten und die Hähnchenscheiben darauf legen. Croûtons und Parmesan-Käse darüber streuen.

Tipp: Einst war Caesar's Salat ein exklusives Gericht in Restaurants, heute ist er alltäglich geworden – er ist so gesund, sättigend und vielseitig wandelbar. Unsere Version wird durch leckere zarte Hähnchenbruststücke abgerundet. Verwenden Sie Vollkorn-Croûtons. Sie können sie selbst aus Weizenvollkorn-Toast zubereiten. Der Salat schmeckt mit zerkleinertem Parmesan-Käse besser als mit geriebenem.

Pfannengerührtes Ingwer-Huhn
Ein gering glykämisches Gericht
2 Portionen

2 Esslöffel Oliven-, Raps- oder Erdnussöl
1 mittelgroße Zwiebel, in Ringe geschnitten
1 Teelöffel Knoblauchsalz
1 mittelgroße rote Paprika,
entkernt und in dünne Streifen geschnitten
1 Esslöffel frischer Ingwer, grob geraspelt
2 große Hähnchenbrüste, gekocht und gewürfelt
1 mittelgroße Tomate, in schmale Spalten geschnitten
2 Esslöffel Aceto Balsamico

Eine große beschichtete Pfanne bei starker Hitze vorwärmen. Öl, Zwiebeln und Knoblauchsalz hineingeben und etwa 1–2 Minuten rühren, bis die Zwiebeln glasig sind. Paprika und Ingwer hinzufügen und 1 Minute rühren. Hähnchenfleisch und Tomaten zugeben und 2 weitere Minuten rühren, bis das Gemüse weich ist. Den Essig einrühren, noch 30 Sekunden rühren und sofort servieren.

Tipp: Schon nach einem Bissen dieses einfachen, gering glykämischen Gerichts wird es zu einem festen Bestandteil Ihres Speiseplans werden. Pfannengerührte Gerichte sind gesund, einfach und machen Spaß. Sie müssen nur einige Grundregeln kennen: Erhitzen Sie die Pfanne, bevor Sie loslegen, schneiden Sie alle Lebensmittel in etwa gleich große Stücke, damit sie gleichmäßig garen, und bewegen Sie alles ständig mit einem oder zwei hölzernen Kochlöffeln. Dieses pfannengerührte Gericht erhält seinen besonderen Geschmack durch den italienischen Aceto Balsamico, der heute in den meisten Supermärkten erhältlich ist.

Hähnchen-Salat mit Estragon
Lasst uns Geflügel essen!
2 Portionen

200 g Hühnerbrust, gekocht und grob zerkleinert
2 Stangen Staudensellerie, fein zerkleinert
3 Esslöffel Mayonnaise
1 Knoblauchzehe, geschält
1/4 Teelöffel Zwiebelpulver
1/4 Teelöffel getrockneter Estragon

Hühnerfleisch, Sellerie und Mayonnaise in eine mittelgroße Schüssel geben. Alles gut mischen. Den Knoblauch durch eine Presse hineindrücken, dann das Zwiebelpulver und den Estragon unterrühren.

Tipp: Einfach und sättigend, eine perfekte Sommermahlzeit. Mit Zimmertemperatur oder gekühlt servieren, auf Blattsalat angerichtet oder in einem Pitta-Brot aus steingemahlenem Mehl.

Krebsküchlein von der Chesapeake-Bay
Eine Spezialität aus dem Nordosten der USA
2 Portionen

1 Scheibe Weizenvollkornbrot, getoastet
450 g Krebsfleisch ohne Knorpel und Schale,
frisch, tiefgefroren (aufgetaut)
oder aus der Dose (abgegossen)
2 große Eier, verschlagen
2 Esslöffel Sauerrahm
1 Esslöffel Dijon-Senf
1/4 Teelöffel Chilisauce
1/4 Teelöffel schwarzer Pfeffer aus der Mühle
2 Esslöffel Olivenöl

Den Toast zerbrechen und kurz im Mixer zerkrümeln. Alle Zutaten – bis auf das Öl – in einer großen Schüssel gründlich mischen. Aus der Masse 4 Küchlein formen. Zudecken und etwa 1 Stunde im Kühlschrank fest werden lassen. Eine große beschichtete Pfanne bei Mittelhitze erhitzen. Das Öl hineingeben und die Krebsküchlein auf jeder Seite etwa 6 Minuten garen, bis sie fest und goldbraun sind. Pro Person 2 Kuchen servieren.

Tipp: Diese Spezialität aus dem Nordosten der USA kann man mit Zitronenspalten und hausgemachter (s. S. 233) oder fertiger Salsa servieren. Oder Sie reichen Ihren Lieblingsblattsalat dazu. Als Appetithappen formen Sie 8 Küchlein und garen sie auf jeder Seite etwa 3 Minuten.

Krebssalat

Gesundes proteinreiches Schlemmen
6 Portionen

450 g frisches Krebsfleisch, ohne Knorpel und Schale
1 hart gekochtes Ei, zerkleinert
1 mittelgroße Zwiebel, fein gewürfelt
2 kleine Schalotten, in feinen Ringen
2 Stangen Staudensellerie, fein zerkleinert
3 Stück Gemüsepickles, zerkleinert
2 Esslöffel Mayonnaise
1/4 Teelöffel mittelscharfer Senf
Salz
Schwarzer Pfeffer aus der Mühle
Einige feine Streifen von roter oder grüner Paprika

In einer großen Schüssel Krebsfleisch, Ei, Zwiebeln, Schalotten, Sellerie und Pickles mischen. Mayonnaise und Senf in einer kleinen Schüssel verrühren. Die Mischung zum Krebsfleisch geben und alles gut mischen. Mit Salz und Pfeffer abschmecken und mit Paprika garnieren.

Tipp: Ein Partygericht, das mit Sicherheit begeistert und das Sie auch mit einer Kombination aus Shrimps und Krebsfleisch zubereiten können. Am besten auf grünem Salat angerichtet servieren.

Eiersalat in Tomaten
Zwei nährstoffreiche Zutaten ergeben ein gesundes Gericht
4 Portionen

4 mittelgroße Tomaten
90 g fettreduzierter Frischkäse
2 Esslöffel fettarme Milch
4 Esslöffel Mayonnaise
3 hart gekochte Eier, zerkleinert
1/2 kleine grüne Paprika, fein gewürfelt
1 kleines Stück (5–7 cm) Salatgurke, geschält,
entkernt und gewürfelt
1 Lauchzwiebel, fein gewürfelt
Salz
1/4 Teelöffel scharfe Sauce, z. B. Chilisauce, nach Belieben

Zum Aushöhlen der Tomaten von jeder eine Kappe abschneiden. Mit einem Löffel das Innere entfernen, dabei darauf achten, dass alle Samen entfernt werden und das Fleisch erhalten bleibt. Frischkäse, Milch und Mayonnaise in einer mittelgroßen Schüssel gründlich mit einem Schneebesen verquirlen. Eier, Paprika, Lauchzwiebeln, Salz und eventuell scharfe Sauce hinzufügen. Im Gefriergerät 10 Minuten kühlen. Die Tomaten mit der Masse füllen. Nach Belieben zusätzliche Mayonnaise dazu reichen.

Tipp: Nährstoffreiche Eier und Tomaten verbinden sich in diesem klassischen Gericht zu einer gesunden Mischung – und es schmeckt heute so gut wie einst bei Muttern. Den Salat im Gefriergerät kalt und fest werden zu lassen geht wesentlich schneller als im Kühlschrank. Für eine kleine Hors-d'Oeuvre-Version den Eiersalat in 24 ausgehöhlte Kirschtomaten füllen.

Fischfilets und Pfannengemüse
Gesund und lecker
2 Portionen

2 Esslöffel Olivenöl
1 mittelgroße Zwiebel, in feine Ringe geschnitten
1 Teelöffel getrockneter Oregano
1 mittelgroßer Zucchino, in dünnen Scheiben
1 mittelgroße Tomate, in schmalen Spalten
350 g weißes Fischfilet
1 Teelöffel Salz
1/2 Teelöffel schwarzer Pfeffer aus der Mühle
30 g Mozzarella-Käse, fein zerkleinert
25 g Provolone-Käse, gerieben

Öl und Zwiebeln in eine große Pfanne geben. Mit Oregano bestreuen und bei mittlerer Hitze etwa 2 Minuten anbraten, bis die Zwiebeln glasig sind. Zucchini einrühren und weitere 2 Minuten garen. Tomaten hinzufügen und rühren. Die Fischfilets auf das Gemüse legen. Mit Salz und Pfeffer bestreuen. Die Hitze reduzieren, einen Deckel auflegen und das Ganze etwa 8 Minuten köcheln lassen, bis der Fisch sich blättrig teilen lässt. Den Fisch mit den beiden Käsesorten bestreuen. Zugedeckt das Ganze noch etwa 2 Minuten garen, bis der Käse geschmolzen ist. Die Fischfilets auf Esstellern anrichten und das Gemüse dazu servieren.

Tipp: Wählen Sie einen Fisch, der nicht ölig ist, wie Kabeljau, Schellfisch oder Forelle.

Grüne-Chili-Käse-Kasserolle
So einfach kann kochen sein!
6 Portionen

6 große Eier
450 g scharfer Cheddar-Käse, gerieben
220 g eingelegte grüne Chilis, gewürfelt

Backofen auf 180 °C (Gas Stufe 2) vorheizen. Die Eier in eine große Schüssel schlagen und verquirlen. Den Käse und die grünen Chilis zugeben. Mischen, in eine Auflaufform geben und gleichmäßig darin verteilen. Etwa 25 Minuten backen, bis die Kasserolle gestockt und leicht gebräunt ist. In 6 Quadrate schneiden und servieren.

Tipp: Grüne Chilis aus der Dose, entkernt und gewürfelt, gibt es in gut sortierten Supermärkten. Sie können aber auch die Chilis in Gläsern nehmen, entkernen und mit einem scharfen Messer würfeln. Wenn Sie gern besonders scharf und würzig essen, geben Sie einen Spritzer Ihrer Lieblingssalsa zu.

Guacamole-Salat
Keine Angst vor dem Fett in den Avocados
2 Portionen als Hauptgericht oder 4 Portionen als Beilage

2 reife Avocados
2 Teelöffel frisch gepresster Zitronensaft
3/4 Teelöffel Salz
4 Lauchzwiebeln, in dünne Ringe geschnitten
4 Kirschtomaten, zerkleinert, nach Belieben
1/2 Esslöffel Korianderkraut, fein zerkleinert
1 Knoblauchzehe, geschält
2 Hand voll gemischter Blattsalat, zerkleinert

Die Avocados halbieren, die Kerne entfernen und das Fleisch mit einem Löffel herausnehmen. Das Avocadofleisch, Zitronensaft und Salz in eine Schüssel geben und zerstampfen. Die Zwiebeln zugeben und eventuell Tomaten und Korianderkraut. Den Knoblauch hineinpressen. Im Gefriergerät 10 Minuten kühlen. Den Salat auf Tellern anrichten und die Guacamole obenauf geben.

Tipp: Guacamole ist ein mexikanischer Avocado-Dip, der traditionell zu Salaten, Meeresfrüchten und Tortillia-Chips serviert wird. Machen Sie sich nicht zu viel Sorgen über die beträchtliche Menge an Fett in den Avocados – es sind vor allem einfach und mehrfach ungesättigte Fettsäuren. Verwenden Sie unbedingt reife Avocados. Besonders lecker schmeckt der Dip, wenn Sie Zitronensaft durch Limettensaft ersetzen. Mögen Sie Ihren Guacamole-Salat sehr würzig, servieren Sie ihn mit scharfer Salsa oder einem halben Teelöffel entkernten und zerkleinerten Jalapeño-Schoten.

Gekühlter Linsensalat
Ein Salat, gesund fürs Herz
6 Portionen

1 1/2 l Wasser
400 g getrocknete Linsen, verlesen
2 mittelgroße Tomaten, entkernt und zerkleinert
1 kleine Stange Staudensellerie, zerkleinert
160 ml Olivenöl
80 ml frisch gepresster Zitronensaft
4 Knoblauchzehen, zerkleinert
2 Teelöffel italienisches Gewürz
1/2 Teelöffel Salz
1/4 Teelöffel schwarzer Pfeffer aus der Mühle

Wasser in einem 3-Liter-Topf zum Kochen bringen. Linsen zugeben und 15 Minuten garen. Abgießen. Die Linsen in eine Schüssel geben und im Gefriergerät 15 Minuten kühlen. Tomaten und Sellerie zugeben. In einer anderen Schüssel Öl, Zitronensaft, Knoblauch, italienisches Gewürz, Salz und Pfeffer zum Dressing verrühren. Das Dressing über die Linsen geben und gut mischen.

Tipp: Die Linsen, die gesund fürs Herz sind, sind der Mittelpunkt dieses Gerichts. Sie können braune, grüne oder rote Linsen nehmen, sollten diese Hülsenfrüchte aber nicht zu weich kochen – sie sollten noch leicht »klappern«, wenn sie auf den Salatteller fallen. Die Linsen auf Blattsalat angerichtet servieren.

Verkleidete Hamburger
Viertelpfünder für gesunden Genuss
4 Portionen

500 g mageres Hackfleisch (nach Wahl)
1 mittelgroße Zwiebel, fein gewürfelt
1/2 Bund glatte Petersilie, fein zerkleinert
1 Esslöffel Dijon-Senf
1 Teelöffel Worcestershire-Sauce
1/2 Teelöffel schwarzer Pfeffer aus der Mühle
1/2 Teelöffel Würzsalz
1 Spritzer scharfe Sauce (oder mehr, je nach Geschmack)

In einer großen Schüssel Hackfleisch, Zwiebeln, Petersilie und Senf mischen. Mit Worcestershire-Sauce, Pfeffer, Würzsalz und scharfer Sauce abschmecken und alles gut vermengen. 4 Hamburger formen und in einer großen beschichteten Pfanne bei mittlerer Hitze 3 bis 6 Minuten auf jeder Seite braten.

Tipp: Essen Sie diese Viertelpfünder, die ihren besonderen Geschmack vom Würzsalz bekommen, ohne Brötchen, aber mit Ihrer Lieblingsbeilage – Ketchup, würziger Senf, Pickles und Salsa. Braten Sie die Burger nach Ihrem Geschmack – nach 3 bis 4 Minuten auf jeder Seite sind sie medium, nach 6 Minuten gut durch (aber auch ziemlich trocken!).

Weizenvollkorn-Spaghetti mit Oliven-Tomaten-Sauce
Ein rustikaler italienischer Klassiker
4 Portionen

6 Esslöffel Olivenöl
1 mittelgroße Zwiebel, fein gewürfelt
6 große Knoblauchzehen, zerkleinert
80 ml trockener Weißwein
1 große Dose gewürfelte Tomaten
40 g schwarze Oliven, entsteint und fein zerkleinert
3–4 Stängel frisches Basilikum, grob zerkleinert
1/4 Teelöffel getrocknete, gerebelte Chilischoten
250 g Weizenvollkorn-Spaghetti
2 Esslöffel Parmesan-Käse, frisch gerieben

Eine große beschichtete Pfanne bei Mittelhitze erhitzen. Öl und Zwiebeln hineingeben und unter stetem Umrühren etwa 5 Minuten braten, bis die Zwiebeln weich und goldbraun sind. Den Knoblauch einrühren und unter Umrühren etwa 30 Sekunden weitergaren, bis er zu duften beginnt. Den Wein zugießen und 1 Minute garen. Tomaten, Oliven, Basilikum und Chili einrühren. 15 bis 17 Minuten garen, bis eine dicke Sauce entsteht. In der Zwischenzeit in einem großen Topf Wasser zum Kochen bringen und die Spaghetti nach Packungsanweisung bissfest garen. Die Pasta abgießen und in eine vorgewärmte Servierschüssel geben. Sauce und Parmesan darüber geben und verrühren. Sofort servieren.

Tipp: Zu diesem herzhaften Pastagericht gehört die vereinfachte Version einer traditionellen italienischen Oliven-Tomaten-Sauce. Da die Sauce reich an Gemüsestücken ist, brauchen Sie keine übermäßige Menge Pasta. Verwenden Sie eine Bio-Weizenvollkorn-Pasta, keine, die aus raffiniertem Mehl hergestellt ist. Nehmen Sie Weizenvollkorn-Fettucine, wenn Sie diese lieber mögen.

Fettucine mit roher Tomatensauce
Sie kochen nur die Fettucine
4 Portionen

250 g Weizenvollkorn-Fettucine (oder Spaghetti)
350 g Kirschtomaten, geachtelt
4 Lauchzwiebeln (ohne Grün), fein gewürfelt
3–4 Stängel frisches Basilikum, zerkleinert
80 ml Olivenöl
2 Esslöffel frisch gepresster Zitronensaft
1/2 Teelöffel Salz
1/4 Teelöffel schwarzer Pfeffer aus der Mühle

Die Pasta nach Packungsanweisung bissfest garen. Während die Pasta kocht, Tomaten, Lauchzwiebeln, Basilikum, Öl, Zitronensaft, Salz und Pfeffer in einer großen Schüssel gründlich mischen. Die Pasta abgießen und in die Schüssel geben. Alles gut vermischen und sofort servieren.

Tipp: Sie müssen diese hervorragende und schnelle Tomatensauce nicht kochen – die Wärme der Pasta »gart« sie ausreichend, wenn die Pasta untergemischt wird. Dieses Rezept eignet sich gut für Einladungen, denn die Menge kann ganz leicht verdoppelt oder verdreifacht werden.

Makkaronisalat
Ideal auch als Partysalat
Als Vorspeise 4 Portionen, als Hauptgericht 1 Person

110 g Weizenvollkorn-Makkaroni
1 mittelgroße rote Zwiebel, fein gewürfelt
1 kleine grüne Paprika, entkernt und fein gewürfelt
1 mittelgroße Tomate, grob zerkleinert
2 Esslöffel mit Kapern gefüllte grüne Oliven, in feine Scheiben geschnitten
2–3 Esslöffel Mayonnaise
1 Esslöffel Rotweinessig
1 Teelöffel Dijon-Senf
1/4 Teelöffel Salz
1/8 Teelöffel schwarzer Pfeffer aus der Mühle

Die Makkaroni nach Packungsanweisung bissfest garen. In der Zwischenzeit Zwiebeln, Paprika, Tomaten und Oliven in einer großen Schüssel mischen. In einer kleinen Schüssel Mayonnaise, Essig, Senf, Salz und schwarzen Pfeffer verrühren. Die Pasta abgießen und auch in die große Schüssel geben. Die Mayonnaisemischung zugeben und alles gut mischen. Vor dem Servieren gut abkühlen lassen.

Tipp: Dieser Salat, der sich auch bestens für ein Picknick oder eine Party eignet, ist farbenfreudig und schmeckt wunderbar pikant. Für ein sättigenderes Essen können Sie gekochtes Hühnerfleisch oder Shrimps zugeben.

Angebratener Shrimpssalat
Shrimps schmecken immer,
ganz gleich, wie sie gekocht werden
4 Portionen

1 Teelöffel Knoblauchpulver
1/2 bis 1 Esslöffel schwarzer Pfeffer aus der Mühle
1/2 Teelöffel Salz
1/8 Teelöffel getrockneter Oregano
450 g große, geschälte Shrimps
1 Kopf Romanasalat, zerpflückt
1/8 l Caesar's-Dressing (s. S. 217)

Knoblauchpulver, Pfeffer, Salz und Oregano in einer Schüssel
mischen. Die Shrimps zugeben und gut durchrühren. Eine große beschichtete Pfanne bei großer Hitze erhitzen. Die Shrimps
zugeben und 1 bis 2 Minuten von jeder Seite braten, bis sie
dunkelbraun sind. Den Salat und das Dressing in eine große
Schüssel geben und alles gut mischen. Den Salat auf 4 Tellern
anrichten und die Shrimps obenauf geben.

Tipp: Das Rezept ist so wandelbar, wie es einfach ist – Sie könnten
leicht anstatt Shrimps Hähnchenbrust, Fischfilets, Steaks oder Schwei-
nekoteletts nehmen. Dafür müssten Sie die Kochzeit pro Seite auf
4 bis 5 Minuten erhöhen.

Würzige gekochte Shrimps
Ein Klassiker in den Südstaaten der USA
4 Portionen als Mittagessen, 12 Portionen als Vorspeise

3 l Wasser
85 g Würze für Meeresfrüchte
1 Esslöffel Salz
1/2 Teelöffel Cayennepfeffer, nach Belieben
Saft von 2 Zitronen
1,8 kg Shrimps in der Schale

Das Wasser in einem großen Topf zum Kochen bringen. Das
Meeresfrüchtegewürz, Salz, Cayennepfeffer (nach Belieben),
Zitronensaft und die Shrimps hineingeben. Wieder zum Kochen bringen, einen Deckel auflegen und das Ganze 10 Minuten garen. Den Topf von der Kochstelle nehmen und 15 Minuten beiseite stellen. Abgießen und servieren.

Tipp: Verwenden Sie jede Größe von Shrimps und servieren Sie
diese nach Ihrem Geschmack – warm oder gekühlt, geschält oder
auch nicht, einfach oder mit Remouladensauce (s. S. 232).

Shrimps-Kammmuschel-»Gulasch«
Eine interessante Kombination
4 bis 6 Portionen

1/2 l Wasser
450 g kleine Shrimps, geschält und sauber geputzt
450 g Kammmuscheln
1/2 Kopf Blumenkohl, in Röschen zerteilt
350 g Kirschtomaten, halbiert
6 Esslöffel entsteinte schwarze Oliven, geviertelt,
oder 3 Esslöffel Kapern, abgegossen
1 Dose Wasserkastanien in Scheiben, abgegossen

Für die Sauce:
1 Glas fettarme Mayonnaise
1/8 l Meerrettichsauce
2 Esslöffel Senf
1 Teelöffel frisch gepresster Zitronensaft
1/2 Teelöffel Salz
1/2 Teelöffel schwarzer Pfeffer aus der Mühle

Das Wasser in einem Topf zum Köcheln bringen. Die Hitze verringern und die Shrimps ins Wasser geben und 1 Minute garen. Die Kammmuscheln zugeben und eine weitere Minute garen. Abgießen, in eine große Schüssel geben und abkühlen lassen.

Alle Zutaten für die Sauce in einer kleinen Schüssel mischen. Blumenkohl, Tomaten, Oliven oder Kapern und Wasserkastanien zur Shrimps-Kammmuschel-Mischung geben. Die Sauce zugießen und alles gut mischen. Sofort servieren oder zugedeckt im Kühlschrank kühlen.

Tipp: Mit einem grünen Salat und Vollkorn-Crackern ist dies ein herrliches Mittagessen bei warmem Wetter. Die würzige Meerrettichsauce gibt dem Dressing die cremige Struktur: Für etwas mehr Biss rühren Sie einen Esslöffel geraspelten Meerrettich ein.

Shrimpssalat
Besonders köstlich
6 Personen

450 g gekochte, geschälte kleine Shrimps
1 hart gekochtes Ei, zerkleinert
1 Stange Staudensellerie, klein gewürfelt
4–5 Gemüsepickles, fein zerkleinert
2 kleine Schalotten, in feine Ringe geschnitten
1 kleine Zwiebel, klein gewürfelt
2 Esslöffel Mayonnaise
1 Teelöffel mittelscharfer Senf
Salz, Pfeffer aus der Mühle
1 große Prise Paprikapulver

In einer großen Schüssel Shrimps, Ei, Sellerie, Pickles, Schalotten und Zwiebeln mischen. In einer kleinen Schüssel Mayonnaise und Senf verrühren. Die Mischung zu den Shrimps geben und alles gründlich mischen. Mit Salz und Pfeffer abschmecken und mit Paprika bestäuben.

Tipp: Dieser perfekte, würzige Salat kann auch mit Krebsfleisch ohne Knorpel und Schalen zubereitet werden. Nehmen Sie nur die Hälfte der Shrimps und dazu 225 g Krebsfleisch. Das Rezept kann für große Gesellschaften leicht verdoppelt oder verdreifacht werden. Den Shrimpssalat auf Kopfsalat oder gemischten Blattsalaten angerichtet servieren.

Frischer Spinatsalat mit Speck
Roher Spinat enthält sehr viele Nährstoffe
4 Portionen

300 g frischer, junger Blattspinat,
gewaschen und getrocknet
3 Streifen Speck,
knusprig gebraten und zerkleinert
1 Dose Palmherzen,
abgegossen und in Scheiben geschnitten
1/4 Teelöffel Knoblauchsalz
1/8 l Vinaigrette mit Apfelessig (s. S. 224)
2 hart gekochte Eier, in Scheiben geschnitten

In einer großen Schüssel Spinat, Speck, Palmherzen und Knoblauchsalz mischen. Die Vinaigrette unterheben und den Salat mit den Eierscheiben garnieren.

Tipp: Roh hat Spinat die meisten Nährstoffe – außerdem ist er in diesem Salat, der als Hauptgericht dient, eine wahre Köstlichkeit. Wenn Sie sich Sorgen wegen des Fetts im normalen Speck machen, sollten Sie Truthahnspeck verwenden. Palmherzen, die in Dosen in den gut sortierten Supermärkten oder in Asienläden erhältlich sind, schmecken ein bisschen wie Artischocken.

Klassischer Thunfischsalat
Schmeckt auch als Mittagessen
3 bis 4 Portionen

2 Dosen Thunfisch in Wasser, abgegossen
1 hart gekochtes Ei, zerkleinert
2 Stangen Staudensellerie, fein zerkleinert
6 Gemüsepickles, fein zerkleinert
4 Esslöffel Mayonnaise
1 1/2 Esslöffel frisch gepresster Zitronensaft
Salz
Schwarzer Pfeffer aus der Mühle

Alle Zutaten in einer großen Schüssel mischen und mit Salz und Pfeffer abschmecken. Den Salat vor dem Servieren noch einmal gut durchmischen.

Tipp: Als kleine Abwandlung können Sie diesen Thunfischsalat auch in ein Salatblatt gerollt essen. Thunfisch, ein Kaltwasserfisch, ist eine gute Quelle für Omega-3-Fettsäuren.

Würziger Thunfischsalat
Frischer Thunfisch ohne Öl gebraten
4 Portionen

2 Esslöffel schwarzer Pfeffer aus der Mühle
1 Teelöffel Knoblauchpulver
1/8 Teelöffel getrockneter Thymian
1/4 gemahlenes Zitronengras
1/4 Teelöffel Salz
450 g frisches Thunfischsteak (etwa 2,5 cm dick),
in 4 gleich große Stücke geschnitten
1 Kopf Romanasalat, zerpflückt
180 ml Vinaigrette mit Balsamico (s. S. 223)

Pfeffer, Knoblauchpulver, Thymian, Zitronengras und Salz in einer kleinen Schüssel mischen. Den Thunfisch rundum mit der Gewürzmischung einreiben. Eine mittelgroße, beschichtete Pfanne bei starker Hitze vorheizen. Den Thunfisch hineingeben und auf jeder Seite etwa 3 Minuten braten. Den Salat auf 4 Salattellern anrichten und den Thunfisch obenauf legen. Alles mit Vinaigrette beträufeln.

Tipp: Für dieses Gericht brauchen Sie tatsächlich kein Öl zum Braten des Thunfischs. Nach der angegebenen Garzeit von 3 Minuten ist der Thunfisch medium, also innen noch leicht rosa. Wenn Sie Ihren Thunfisch gut durch haben wollen, garen Sie ihn auf jeder Seite 30 Sekunden länger. Sie können auch einen anderen fleischigen Fisch, wie Lachsfilets, oder Hähnchenbrust nehmen (Hähnchen auf jeder Seite 4 bis 5 Minuten braten).

Italienische Artischockensuppe
Da kann nichts schief gehen
6 bis 8 Portionen

30 g Butter
6 Esslöffel Olivenöl
1 mittelgroße Zwiebel, gewürfelt
5 Knoblauchzehen, geschält und fein gewürfelt
4 mittelgroße Dosen Artischockenherzen,
abgegossen und grob zerkleinert
1 1/2 l Hühnerbrühe
2–3 Stängel Petersilie, fein zerkleinert
1 Teelöffel italienische Gewürzmischung
2 Esslöffel Weizenvollkorn-Mehl
1/8 l Wasser
Parmesan-Käse, frisch gerieben

Butter und Olivenöl bei mittlerer Hitze in einen 3-Liter-Topf
geben. Wenn die Butter geschmolzen ist, Zwiebeln und Knoblauch zugeben. Etwa 3 Minuten anbraten, bis die Zwiebeln glasig sind. Artischockenherzen, Brühe, Petersilie und die Gewürzmischung hinzufügen. Kurz aufkochen lassen. Die Hitze reduzieren und das Ganze, zugedeckt, 30 Minuten garen. In einer
kleinen Schüssel das Mehl in dem Wasser lösen und in den Topf
einrühren. Die Hitze auf Mittelhitze steigern. Das Ganze ohne
Deckel etwa 15 weitere Minuten garen, bis es leicht eindickt. In
Suppentassen füllen und mit Parmesan-Käse bestreuen.

Tipp: Mit dieser Knoblauchköstlichkeit können Sie nichts falsch
machen, bei der Artischockenherzen in einer Brühe, die mit vielen
leckeren Kräutern gewürzt und mit etwas Weizenvollkorn-Mehl
angedickt ist, schwimmen.

Kräftige kalte Avocadosuppe
Ein Klassiker der kalifornischen Küche
4 Portionen

3/4 l fettarme Hühnerbrühe
2 reife Avocados, geschält, halbiert und entkernt
1/8 l fettreduzierter Sauerrahm, gut gekühlt
1/8 l fettarme Milch, gut gekühlt
Saft von 1 großen Zitrone
1/8 Teelöffel Cayennepfeffer
1 Teelöffel Salz
1 kleine weiße Zwiebel, fein gewürfelt
1 Bund Korianderkraut, fein zerkleinert

Die Hühnerbrühe 10 Minuten zum Kühlen in das Gefriergerät stellen. 1 1/2 Avocados zerdrücken, die restliche Hälfte in Würfel schneiden. In einer mittelgroßen Schüssel die zerdrückten Avocados, Sauerrahm, Milch, Zitronensaft, Cayennepfeffer und Salz mischen. Die Hühnerbrühe einrühren. Die Avocado-Hühnerbrühe-Mischung noch einmal für einige Minuten ins Gefriergerät geben, bis sie gut gekühlt ist. Auf gekühlte Suppentassen verteilen und mit Avocado-Würfeln, Zwiebeln und Koriander garnieren.

Tipp: Die an einfach ungesättigten Fetten (den guten Fetten) reichen Avocados sind die Hauptzutat dieser Suppe, die direkt aus dem Gefriergerät auf den Tisch kommt. Verwenden Sie nur fettarme (entfettete) Hühnerbrühe – achten Sie darauf, wenn Sie die Suppe kaufen und nicht selber machen.

Schnelle Suppe aus Schwarzen Bohnen
Für Leute mit wenig Zeit
4 bis 6 Portionen

100 g Schinken (nicht mit Zucker konserviert),
ohne Fettränder, fein gewürfelt, nach Belieben
1 große Dose Schwarze Bohnen,
abgespült und abgetrocknet
1 mittelgroße Dose Schwarze-Bohnen-Suppe
1 mittelgroße Dose Hühnerbrühe
1 Esslöffel Chilipulver
1 mittelgroße Zwiebel, gewürfelt
2 Knoblauchzehen, zerdrückt
Salz
Schwarzer Pfeffer aus der Mühle
Das Grün von 1 Lauch- oder Frühlingszwiebel
oder 3–4 Stängel frischer Koriander, zerkleinert

Wenn Schinken verwendet wird, diesen zuerst in einem beschichteten 2-Liter-Topf etwa 4 bis 5 Minuten bei Mittelhitze
gleichmäßig anbraten. Bohnen, Bohnensuppe, Brühe, Chilipulver, Zwiebel und Knoblauch zugeben und ganz kurz aufkochen
lassen. Die Hitze auf Mittelhitze reduzieren und etwa 5 Minuten köcheln lassen, bis die Zwiebeln weich sind. Mit Salz und
Pfeffer abschmecken. In Suppentassen geben und mit Zwie-
belgrün oder Korianderkraut garnieren.

Tipp: Bohnen aus der Dose haben meist einen höheren glykämischen Wert als selbst gekochte getrocknete Schwarze Bohnen, aber
wir liefern Ihnen dieses schnelle Rezept für Fälle, in denen Sie keine
Zeit haben, die Zutaten selbst vorzubereiten. Spülen Sie die Bohnen gut ab, um sicherzugehen, dass kein »Dosengeschmack« daran

bleibt. Wenn Sie gekochte Schwarze Bohnen zur Hand haben und lieber diese verwenden möchten (s. S. 27, Anleitung zum Einweichen und Kochen getrockneter Bohnen), nehmen Sie bei diesem Rezept 350 Gramm davon statt der Bohnen aus der Dose.

Traditionelle Suppe aus Schwarzen Bohnen
Schwarz und rundum gesund
6 bis 8 Portionen

450 g getrocknete Schwarze Bohnen, verlesen
80 ml 1 Olivenöl
1 große weiße Zwiebel, gewürfelt
5 Knoblauchzehen, geschält
1 grüne Paprika, entkernt und zerkleinert
1/2 Esslöffel getrockneter Oregano
2 l Wasser
2 Esslöffel weißer Essig
1/2 Esslöffel gemahlener Kreuzkümmel
4 Teelöffel Salz
1 Teelöffel schwarzer Pfeffer aus der Mühle
2 Teelöffel scharfe Sauce
(Chilisauce oder Hot Sauce)
1 mittelgroße weiße Zwiebel,
fein gewürfelt, zum Garnieren

Bohnen in eine große Schüssel geben. So viel Wasser zugeben, dass sie 5 cm hoch bedeckt sind. Über Nacht bei Zimmertemperatur weichen lassen. Bohnen abgießen. Das Öl bei Mittelhitze in einem Bräter erhitzen und die Würfel der großen Zwiebel zugeben. Etwa 5 Minuten anbraten, bis sie leicht gebräunt sind. Den Knoblauch zugeben und etwa 30 Sekunden anbraten, bis sein Aroma frei wird und er duftet. Paprika, Bohnen,

Oregano und das Wasser einrühren und zum Kochen bringen. Die Hitze stark reduzieren, einen Deckel auflegen und das Ganze etwa 1 Stunde köcheln lassen, bis die Bohnen weich sind. Essig und Kreuzkümmel einrühren und weitere 5 Minuten garen. Mit Salz, Pfeffer und scharfer Sauce abschmecken. Etwa die Hälfte der Suppe entnehmen und im Mixer pürieren, dann wieder in den Topf einrühren. Sofort servieren.

Tipp: Bohnen sind eine großartige Quelle für Ballaststoffe, Kohlenhydrate und Proteine – nehmen Sie Bohnen statt weißem Reis, Kartoffeln und Weißbrot in Ihre Ernährung auf. Wenn Sie getrocknete Bohnen verwenden, müssen Sie ein bisschen vorausplanen, doch Sie brauchen nicht viel Zeit in der Küche zu verbringen. Denken Sie nur daran, dass Sie die Bohnen über Nacht einweichen und am nächsten Tag etwa eine Stunde garen müssen. Das teilweise Pürieren dieser Suppe vor dem Servieren gibt ihr eine glatte, reiche Struktur. Wenn Sie einen Mixstab haben, können Sie das Pürieren gleich im Topf erledigen.

Knoblauch-Weiße-Bohnen-Suppe
Schnell und gesund aus der Mikrowelle
4 Portionen

20 Knoblauchzehen, geschält
1/2 l Hühnerbrühe
350 g Cannellini-Bohnen, gekocht oder 1 mittelgroße Dose
Cannellini-Bohnen (Einwaage ca. 350 g), abgespült
2 Esslöffel Ziegenkäse, zerkrümelt
3 Esslöffel Zitronensaft
1/2 Teelöffel trockener Sherry
1/2 Teelöffel getrockneter Thymian
Salz
Schwarzer Pfeffer
Korianderkraut, zerkleinert

Knoblauch und Brühe in eine mikrowellengeeignete Schüssel geben. Zudecken und auf höchster Stufe 10 Minuten in der Mikrowelle garen, bis das Ganze dampft. Die Zutaten aus der Schüssel in einen Mixer geben. Bohnen, Ziegenkäse, Zitronensaft, Sherry und Thymian zugeben. Pürieren und das Püree zurück in die Schüssel füllen. 4 Minuten in der Mikrowelle erhitzen. Mit Salz und Pfeffer abschmecken. Mit Korianderkraut garnieren und sofort servieren.

Tipp: Die Zutaten ergeben eine leckere und gesunde Suppe, die Sie wahrscheinlich mehrmals in der Woche essen möchten. (Ob Sie dann noch jemand küssen möchte, ist eine andere Frage.) Wegen des intensiven Knoblaucharomas sollten Sie diese Suppe in kleinen Portionen als ersten Gang servieren. Wenn Sie vorgekochte Bohnen haben oder Bohnen aus der Dose verwenden, können Sie die Suppe in 15 Minuten zubereiten, ohne auch nur den Herd einzuschalten.

Hühnersuppe mit Tomaten und Grünen Bohnen
Die schmeckt den meisten
4 bis 6 Portionen

1 l Hühnerbrühe
1 mittelgroße Dose gewürfelte Tomaten
1 mittelgroße Zwiebel, zerkleinert
1/2 Staude, Stangensellerie, zerkleinert
1/4 Teelöffel getrocknetes Basilikum
1/4 Teelöffel weißer Pfeffer aus der Mühle
1 300-g-Packung TK-Grüne Bohnen
oder 300 g frische Grüne Bohnen
Salz
Pfeffer aus der Mühle

Brühe, Tomaten, Zwiebeln, Sellerie, Basilikum und weißen Pfeffer in einen großen Topf geben und zum Kochen bringen. Die Bohnen hinzufügen und die Hitze auf Mittelhitze reduzieren. Das Ganze etwa 30 Minuten garen, bis die Gemüse weich sind. Mit Salz und Pfeffer abschmecken.

Tipp: Die gute alte Hühnersuppe ist in den meisten Küchen der Welt zu Hause. Hier wird sie mit Tomaten und grünen Bohnen serviert. Gefrorene Bohnen werden nicht aufgetaut, bevor sie zur Suppe gegeben werden. Um die Suppe mit noch mehr Geschmack anzureichern, fügen Sie fein zerkleinerte Lauchzwiebeln, einschließlich dem Grün, hinzu oder kleine Stücke Hühner-, Steak- oder anderes Fleisch.

Einfache Hühnersuppe
Schnell und gesund
4-6 Portionen

1 1/2 l Hühnerbrühe
2 Esslöffel salzarme Sojasauce
1 mittelgroßer, gelber Kürbis
(etwa kindskopfgroß), geschält, entkernt
und das Fruchtfleisch in Scheiben geschnitten
1 mittelgroße Zwiebel, in Ringe geschnitten
1 Staude Staudensellerie, in kleine Stücke geschnitten
Salz
Schwarzer Pfeffer aus der Mühle

Die Brühe in einem großen Topf zum Kochen bringen und die Sojasauce einrühren. Kürbis, Zwiebeln und Sellerie zugeben. Die Hitze verringern, einen Deckel auflegen und die Gemüse etwa 15 Minuten garen, bis sie weich sind. Mit Salz und Pfeffer abschmecken und sofort servieren.

Tipp: Eine einfache Art, ein leichtes, gesundes Mittagessen zu genießen. Ersetzen Sie den gelben Kürbis durch Zucchini, wenn Sie das lieber mögen. Wenn Sie Hühnchenreste im Kühlschrank haben, das Hühnerfleisch in Würfel schneiden und mit den Gemüsen zugeben.

Französische Zwiebelsuppe
Fein und gesund
4 Portionen

1 Esslöffel Butter
3 große Zwiebeln, in feine Ringe geschnitten
1 Teelöffel Balsamico-Essig
1 l Rinderbrühe
1 Hand voll Weizenvollkorn-Croûtons
4 Esslöffel Parmesan-Käse, frisch gerieben

Einen beschichteten Bräter bei Mittelhitze erhitzen. Butter und Zwiebeln hineingeben. Wenn die Butter geschmolzen ist, umrühren, einen Deckel auflegen und 4 bis 5 Minuten garen, bis die Zwiebeln zusammenfallen und beginnen, braun zu werden. Den Essig einrühren. Die Brühe zugeben und zum Kochen bringen. Die Hitze reduzieren, den Topf wieder zudecken und weitere 20 Minuten garen. Die Croûtons auf vorgewärmte Suppentassen verteilen und die Suppe darüber geben. Jeweils mit einem Esslöffel Parmesan-Käse bestreuen.

Tipp: Verwenden Sie für dieses Rezept entweder selbst gemachte oder fertige Rinderbrühe. Achten Sie darauf, die Zwiebeln zu garen, bis sie goldbraun sind und leicht karamellisiert, damit ihre natürliche Süße zur Geltung kommt. Das Hinzugeben von Balsamico-Essig verstärkt die Süße noch. Wenn Sie im Laden keine Weizenvollkorn-Croûtons bekommen, machen Sie Ihre eigenen: Toasten Sie 2 Scheiben Weizenvollkornbrot, entfernen Sie die Rinde und schneiden Sie die Croûtons auf die gewünschte Größe.

Gazpacho-Suppe
Herrlich bei warmem Wetter
4 Portionen

2 große Tomaten, abgezogen, entkernt
und in Stücke geschnitten
1 mittelgroße grüne Paprika, entkernt
und in Stücke geschnitten
1 mittelgroße Zwiebel, in Stücke geschnitten
1/2 Gurke, geschält, entkernt und in Stücke geschnitten
1 Knoblauchzehe, geschält
4 Teelöffel Rotweinessig
1 Esslöffel Olivenöl
1/4 Teelöffel Tabasco oder eine andere scharfe Sauce
1 Teelöffel Salz
1/8 l fettreduzierter Sauerrahm
1 reife Avocado, geschält, entsteint
und in Würfel geschnitten

Tomaten, Paprika, Zwiebeln, Gurken, Knoblauch, Essig, Öl, Tabasco und Salz in einen Mixer geben und pürieren. Alles in eine große Schüssel gießen, zudecken und im Gefriergerät wenigstens 30 Minuten oder im Kühlschrank 2 Stunden kühlen. Auf Suppentassen verteilen. In jede Tasse einen guten Esslöffel voll Sauerrahm und ein paar Avocadowürfel geben.

Tipp: Dieses vegetarische Gericht ist gesund und sättigt nicht zu sehr. Wenn Sie eine Gewächshausgurke nehmen, brauchen Sie sich nicht die Mühe des Entkernens zu machen. (Die Kerne in anderen Gurken geben mitunter einen bitteren Geschmack ab.) Im Mixer püriert, wird die Suppe glatter und sämiger, als wenn Sie einen Mixstab verwenden.

Suppe mit grünen Chilis und Jalapeño-Schoten
Eine scharfe Kombination
6 bis 8 Portionen

1 Esslöffel Olivenöl
1 mittelgroße weiße Zwiebel, gewürfelt
1 Knoblauchzehe, geschält
1 l Hühnerbrühe
1/4 l Pilzcremesuppe
1/4 l Hühnercremesuppe
1/2 l fettarme Milch
220 g eingelegte grüne Chilis, zerkleinert
2 Dosen eingelegte Jalapeño-Schoten,
entkernt und zerkleinert
1/2 Teelöffel gemahlener Kreuzkümmel
220 g Schmelzkäse, grob gewürfelt
160 g Hühnerfleisch, gewürfelt
1 Esslöffel Korianderkraut, fein zerkleinert
1/2 Teelöffel Salz
1/8 Teelöffel weißer Pfeffer aus der Mühle
1 Limette, in Spalten geschnitten

Einen Bräter bei Mittelhitze erhitzen. Öl und Zwiebeln hinein geben und unter stetem Rühren etwa 5 Minuten garen, bis die Zwiebeln glasig sind. Den Knoblauch durch die Presse hineindrücken und 30 Sekunden garen. Brühe, Suppen, Milch, grüne Chilis, Jalapeño-Schoten und Kreuzkümmel zugeben. Unter häufigem Rühren 10 Minuten garen. Den Käse hinzufügen und etwa 5 Minuten garen, bis er geschmolzen ist. Dabei immer noch häufig umrühren. Hühnerfleisch, Koriander, Salz und weißen Pfeffer einrühren. Noch etwa 2 Minuten garen, bis alles gut durchgewärmt ist. Auf Suppentassen verteilen und mit den Limettenspalten servieren.

Tipp: Der Saft von Limetten – bei Tisch hineingeträufelt – gibt der Suppe den letzten Schliff.

Süßkartoffelsuppe
Nährstoffreicher geht's kaum!
8 Portionen

3 große Süßkartoffeln, ungeschält und sauber abgebürstet
4 Esslöffel Butter
1 große weiße Zwiebel, zerkleinert
1 Bund Lauchzwiebeln,
das Grüne bis auf 5 cm entfernt, fein zerkleinert
1 1/2 l Hühnerbrühe, 1 Teelöffel Salz
3/4 Teelöffel schwarzer Pfeffer aus der Mühle
3 Esslöffel Weizenvollkorn-Mehl, 1/2 l fettarme Sahne

Die Süßkartoffeln mit den Zinken einer Gabel einstechen. In der Mikrowelle weich garen, dabei nach der Hälfte der Garzeit wenden (Garzeit hängt vom Gerät ab). Etwas abkühlen lassen, schälen und in einer Schüssel zerstampfen. Einen Bräter bei Mittelhitze erhitzen. Butter, Zwiebeln und Lauchzwiebeln zugeben und unter stetem Umrühren etwa 3 Minuten garen, bis die Zwiebeln glasig sind. Den Süßkartoffelbrei zugeben und unter Umrühren 1 Minute garen. Die Brühe einrühren und alles 10 Minuten garen. Mit Salz und Pfeffer abschmecken. Unter schnellem Rühren das Mehl langsam einrieseln lassen. Die Sahne einrühren, noch eine Minute garen, damit alles warm wird und sofort servieren.

Tipp: Eine viel gesündere Suppe können Sie nicht finden, denn Süßkartoffeln gehören zu den nährstoffreichsten Gemüsen der Welt. Eine Süßkartoffel von 110 g enthält 249 Prozent des empfohlenen Tagesbedarfs an Vitamin A (Betakarotin). Da Süßkartoffeln einen mittelhohen glykämischen Wert haben, sollten Sie diese Kartoffeln nicht jeden Tag essen, wenn Sie abnehmen möchten.

Kalte Tomaten-Gurken-Suppe
Die scharfe Sauce macht den Unterschied!
4 bis 6 Portionen

2 große Gurken, geschält, entkernt und zerkleinert
1 l Tomatensaft
1/4 l fettarmer Naturjogurt
2 Teelöffel scharfe Sauce (Chilisauce oder Hot Sauce)
1 Teelöffel Worcestershire-Sauce
1 Teelöffel Salz
1/4 Teelöffel schwarzer Pfeffer aus der Mühle
1 reife Avocado
1 Zitrone oder Limette, in Spalten geschnitten

Gurken und Tomatensaft im Mixer pürieren und in eine große Schüssel gießen. Jogurt, scharfe Sauce, Worcestershire-Sauce, Salz und Pfeffer einrühren. Im Gefriergerät 20 Minuten kühlen. Während die Suppe gekühlt wird, die Avocado schälen, den Stein entfernen und das Fleisch in Würfel schneiden. Die Suppe auf gekühlte Suppentassen verteilen und in jede einige Avocadowürfel geben. Mit einer Zitronen- oder Limettenspalte servieren.

Tipp: Wie viele würzige Suppen schmeckt auch diese am besten mit einem Spritzer Zitronen- oder Limettensaft, der unmittelbar vor dem Essen zugegeben wird. Achten Sie darauf, dass Sie Jogurt ohne Zuckerzusatz kaufen. Wenn Sie die Gurken und den Tomatensaft in einem großen Mixer pürieren, können Sie die Suppe im Mixer fertig stellen – geben Sie die restlichen Zutaten zu und schalten Sie das Gerät kurz ein.

Suppe ohne Tortillas
Der Mais ist weg!

4 Portionen

1 l Hühnerbrühe
140 g gewürfelte Tomaten aus der Dose
140 g eingelegte Chilis, zerkleinert
1 eingelegte Jalapeño-Pfefferschote aus der Dose,
entkernt und zerkleinert
1 Knoblauchzehe, zerdrückt
1/2 Teelöffel gemahlener Kreuzkümmel
1/4 Teelöffel gemahlener Koriander
Salz
4 Finn Crisps oder andere Vollkorn-Cracker,
grob zerstoßen
3–4 Zweige Korianderkraut

Brühe, Tomaten, Chilis, Jalapeño-Schote, Knoblauch, Kreuzkümmel und gemahlenen Koriander in einen 2-Liter-Topf geben. Bei Mittelhitze zum Kochen bringen. Die Hitze reduzieren
und die Suppe mit Salz abschmecken. Die Suppe in Suppentassen füllen und mit zerstoßenen Finn Crisps und Korianderkraut garnieren. Sofort servieren.

Tipp: Der ganze Schwung einer Tortilla-Suppe – doch ohne Mais-
mehl-Tortillas, die einen hohen glykämischen Wert haben. Anstatt
der Tortillas krümeln Sie Finn Crisps, die aus Roggenmehl mit Se-
samsamen bestehen, in die Suppe oder Ihre eigenen Lieblings-Voll-
korn-Cracker. Alle, die es etwas weniger scharf mögen, reduzieren
die Menge an Chilis (dafür entsprechend mehr Tomaten nehmen),
lassen die eingelegte Jalapeño-Pfefferschote weg und verwenden
ungewürzte Tomaten aus der Dose statt gewürzter.

6

Zucker-Knacker-Abendessen

Nach einem langen, arbeitsreichen Tag wird ein gutes, nährstoffreiches Essen, das schnell und einfach zuzubereiten ist, nicht nur von Koch oder Köchin geschätzt, sondern von allen, die es essen. Da das Abendessen oft das größte, leckerste Mahl des Tages ist, sollte diese wichtige Mahlzeit ausgewogen sein und die nötigen Lebensmittelgruppen enthalten, die Sie während eines hektischen Tages vielleicht versäumt haben.

Das Zucker-Knacker-Ernährungskonzept ist für alle Familienmitglieder geeignet. Vor allem auch für Ihre Kinder! Es verbessert die Gesundheit Ihrer ganzen Familie, jetzt und in der Zukunft!

Das Abendessen sollte eine Zeit sein, in der die ganze Familie sich trifft. Dies ist eine wunderbare Gelegenheit, um gesunde, würzige Mahlzeiten zu servieren, die vernünftige Essgewohnheiten anregen. Diese Zucker-Knacker-Rezepte machen das Abendessen zu einem köstlichen und entspannenden Erlebnis.

Denken Sie daran, dass das meiste Cholesterin in Ihrem Körper im Lauf der Nacht produziert wird, während Sie schlafen. Deshalb sollten Sie Ihren Insulinspiegel niedrig halten und später am Abend, bevor Sie zu Bett gehen, keinen Imbiss mehr zu sich nehmen.

Zucker-Knacker-Abendessen-Planer

Gute Abendessen-Ideen	Lebensmittel, die Sie meiden sollten
Milch, Säfte ohne Zuckerzusatz, Eistee ohne Zuckerzusatz, Limonade mit Süßstoff, Diät-Cola – alle Getränke zur Mahlzeit nur in Maßen, selbst Wasser	Mit Zucker gesüßte Säfte, Eistee, Limonade und Cola
Rotwein, vorzugsweise, oder Weißwein, in Maßen	Cocktails, in denen Getränke mit Zucker enthalten sind, Bier
Selbst gemachte Dips und Brotaufstriche ohne Zucker, Vorspeisen aus frischen Meeresfrüchten oder frischen Gemüsen	Fertige Dips und Brotaufstriche, die mit Zucker hergestellt sind, panierte Meeresfrüchte als Vorspeise, fertige Canapés mit weißem Mehl
Vollkorn-Cracker	Normale Cracker, Reis-Cracker
Selbst gemachte und fertige Suppen ohne Zusatz von Zucker oder weißem Mehl	Suppen auf Mais- oder Kartoffelbasis, Reissuppen, Suppen mit Zusatz von Zucker oder weißem Mehl
Frische Salate aus Blattsalaten, Spinat und Gemüse mit selbst gemachtem Dressing ohne Zucker oder fertigem Dressing mit weniger als 3 Gramm Zucker	Fertige Salate mit Zuckerzusatz; fertige Salatdressings mit mehr als drei Gramm Zucker
Grieß-Pasta-Gerichte	Gerichte aus Weizen-Pasta
Brauner Reis oder brauner Basmati-Reis in Maßen	Weißer Reis
Mageres Fleisch, bei dem alles sichtbare Fett entfernt wird, und enthäutetes Geflügel	Fettes Fleisch und Geflügelhaut, kalter Aufschnitt mit Zuckerzusatz
Alle Fische und Meeresfrüchte ohne Panade	

Gute Abendessen-Ideen	Lebensmittel, die Sie meiden sollten
Gebratene Tomaten, Pilze, Bohnen und Linsen, Süßkartoffeln, in Maßen	Pommes frites, gebackene und andere weiße und rote Kartoffeln, Mais
Die meisten Gemüse, frisch, tiefgefroren oder in Dosen	Rote Rüben, Möhren, Pastinaken, Rüben und Gemüse, tiefgefroren oder aus der Dose, mit Zuckerzusatz
Vollkorn und Weizenvollkorn-Brote, Pumpernickel	Weißbrot, französisches und italienisches Brot
Weizenvollkorn-Tortillas	Mais- und Weizenmehl-Tortillas
Das meiste frische Obst (einschließlich Aprikosen, Grapefruits, Kirschen, Datteln, Erdbeeren, Heidelbeeren, Kiwis, Äpfel, Pfirsiche, Nektarinen, Mandarinen, Orangen, Mangos und Trauben)	Ananas, Rosinen, reife Bananen, Wassermelonen
Natürlich gesüßtes Obst, tiefgefroren oder aus der Dose, ohne Zuckerzusatz	Tiefgefrorene Früchte mit Zuckerzusatz, Obst aus der Dose in Sirup
Nüsse, Käse, Eiscreme ohne Zucker	Plätzchen, Kuchen, normale Eiscreme

Rezepte fürs Abendessen

Überblick

Ferien-Vögel
Schmeckt zu jeder Jahreszeit
4 bis 6 Portionen

1 Dutzend Wachteln
2 Esslöffel Raps- oder Olivenöl
Salz
125 g Weizenvollkorn-Mehl
6 Esslöffel flüssiges Speckfett
1 große Zwiebel, zerkleinert
200 g kleine weiße Champignons, in Scheiben geschnitten
1/4 l trockener Weißwein
60 ml Sahne
Frische Petersilie

Wachteln ganz mit Öl und Salz einreiben. In eine Tüte geben und schütteln, um sie mit Mehl zu bedecken. Wachteln in einer großen Pfanne (am besten aus Gusseisen) im Speckfett etwa 5 Minuten anbraten, wenn nötig, in mehreren Partien. Dabei wenden, damit sie gleichmäßig bräunen. Die Wachteln auf eine Platte geben. Zwiebeln und Pilze in das Öl in der Pfanne einrühren und unter stetem Umrühren 1 Minute garen. Wachteln in die Pfanne zurückgeben und den Wein zugießen. Zudecken, die Hitze reduzieren (auf geringe Hitze) und das Ganze etwa 20 Minuten garen, bis beim Anstechen mit einer Gabel heller Saft aus den Wachteln austritt. Wenn nötig, mehr Wein zugießen. Die Sahne einrühren und auf dem Herd etwa 2 Minuten garen, bis die Sauce leicht eingedickt ist. Dabei die Wachteln wenden, damit sie gleichmäßig mit Sauce bedeckt sind. Zum Servieren mit Petersilie garnieren.

Tipp: Man kann die Wachteln auch in einer Pfanne mit einem feuerfesten Griff zugedeckt etwa 20 Minuten bei 180 °C (Gas Stufe 2) im Ofen backen. Dieses Rezept kann auch leicht mit anderem Wildgeflügel zubereitet werden, beispielsweise Fasan.

Kohl-Genuss
100 Prozent Ihres täglichen Vitamin-C-Bedarfs
4 Portionen

450 g Steakfleisch, alles sichtbare Fett entfernt, in 1 cm große
Würfel geschnitten
1 mittelgroße Zwiebel, gewürfelt
1 mittelgroße grüne Paprika, entkernt und zerkleinert
1 Teelöffel Raps- oder Olivenöl
2 Esslöffel Instant-Hühnerbrühe
1/4 l kochendes Wasser
1/4 Teelöffel schwarzer Pfeffer aus der Mühle
Salz, nach Belieben
300 g Grünkohl, grob zerkleinert

Steak, Zwiebeln, Paprika und Öl in eine große beschichtete
Pfanne geben. Bei Mittelhitze etwa 5 Minuten anbraten. Hühnerbrühe in Wasser auflösen und schwarzen Pfeffer zugeben.
Eventuell mit Salz abschmecken. Die Hitze auf Mittelhitze
verringern und unter stetem Umrühren 5 Minuten garen. Den
Kohl hinzufügen und etwa 15 Minuten garen, dabei weiterhin
häufig umrühren, bis der Kohl weich und die Flüssigkeit aufgenommen ist. Eventuell noch etwas kochendes Wasser zugeben.

Tipp: Mit dieser Mahlzeit nehmen Sie 100 Prozent der empfohlenen täglichen Vitamin-C-Menge zu sich. Die Vitamingeber sind hier
der Kohl, die Paprika und die Zwiebel.

Cajun-Schmorfleisch
Ein sehr vielseitiges, köstliches Rezept
12 Portionen

1,8 kg Rindsbraten vom Schwanzstück
1/2 l italienisches Salatdressing
2 Esslöffel Olivenöl
1 Teelöffel Würzsalz
1 Teelöffel schwarzer Pfeffer aus der Mühle
60 ml Wasser

Zum Marinieren das Bratenfleisch und 500 Milliliter des Salatdressings in einen großen Gefrierbeutel geben. Alle Luft herausdrücken, fest verschließen und massieren, damit das Fleisch ganz mit Dressing bedeckt ist. Mindestens 2 Stunden (längstens eine Nacht) in den Kühlschrank stellen, dabei das Fleisch mindestens einmal wenden. Einen schweren Bräter (am besten aus Gusseisen) bei großer Hitze erhitzen. Das Öl zugeben. Das Bratenfleisch aus der Marinade nehmen und in den Bräter geben. 4 bis 5 Minuten von allen Seiten bräunen. Das Fleisch mit Würzsalz und Pfeffer bestreuen. Wasser und das restliche Salatdressing zugießen. Zudecken, geringe Hitze einstellen und das Fleisch etwa 3 Stunden garen, bis es sehr weich ist. Dabei gelegentlich nachsehen, ob Wasser nachgegossen werden muss.

Tipp: Dieses Rezept, für das eine erprobte, gute Methode, um Fleisch zu würzen und zart zu machen, angewendet wird – das Marinieren in italienischem Dressing –, ist ebenso vielseitig wie einfach. Wir ermutigen Sie zum Experimentieren: Nehmen Sie Schweine-, Lamm-, Wild-, Enten- oder Wildgeflügelfleisch oder eine Kombination Ihrer liebsten Fleischsorten. Garen Sie kleinere Braten oder Geflügel nur

2 bis 2 1/2 Stunden; Wildgeflügel braucht vielleicht nur 2 Stunden, bis das Fleisch beginnt, sich vom Knochen zu lösen. Achten Sie darauf, dass nicht alles Wasser aus dem Bräter verdampft, sonst wird das Fleisch trocken. Wenn Sie während des Garens Wasser zugeben, sollten Sie vielleicht auch ein wenig nachwürzen.

Enchiladas mit Huhn und Käse
Ein leckeres mexikanisches Essen
4 Portionen

1 mittelgroße Zwiebel, zerkleinert
1 Knoblauchzehe, zerkleinert
6 Esslöffel Rapsöl
3/8 l Tomatensauce
1 Teelöffel getrockneter Oregano
1 Teelöffel Salz
250 g gekochtes Huhn, gewürfelt
1/2 Teelöffel Knoblauchsalz
1/2 Teelöffel schwarzer Pfeffer aus der Mühle
8 Weizenvollkorn-Tortillas mit etwa 15 cm Durchmesser
100 g eingelegte grüne Chilis,
abgegossen und in schmale Streifen geschnitten
240 g Cheddar-Käse, gerieben
1/4 l fettarmer Sauerrahm, nach Belieben

Backofen auf 180 °C (Gas Stufe 2) vorheizen. Zwiebeln, Knoblauch und 2 Esslöffel des Öls in einen 1-Liter-Topf geben. Unter gelegentlichem Rühren bei Mittelhitze etwa 3 Minuten garen, bis die Zwiebeln glasig werden. Tomatensauce, Oregano und Salz zugeben. Niedrige Hitze einstellen und alles etwa 15 Minuten garen. Das Hühnerfleisch mit Knoblauchsalz und Pfeffer würzen. Das restliche Öl bei Mittelhitze in einer beschichteten Pfanne erhitzen und darin das Hühnerfleisch etwa 10 Minuten wärmen. Das Fleisch in eine Schüssel geben und die Tortillas in derselben Pfanne auf jeder Seite 15 Sekunden wärmen. Hähnchen und Chilis auf die Tortillas verteilen. Die Tortillas rollen und in eine gefettete Auflaufform legen. Mit der Tomatensauce bedecken und mit geriebenem Käse bestreuen. Zudecken und das Ganze etwa 15 Minuten im Backofen backen, bis der Käse schmilzt und Blasen wirft. Nach Belieben Sauerrahm darauf geben.

Tipp: Die Enchiladas können mit etwa 250 g angebräuntem Rinderhackfleisch anstatt des Hühnerfleischs zubereitet werden. Oder Sie können das Fleisch ganz weglassen und die Käsemenge verdoppeln.

Curry-Huhn auf braunem Reis
Inder wissen, weshalb sie Hühner-Curry lieben
4 bis 6 Portionen

1 mittelgroße Zwiebel, klein gewürfelt
3 Stangen Staudensellerie, fein zerkleinert
2 Esslöffel Rapsöl
2 Esslöffel Weizenvollkorn-Mehl
1/2 l Hühnerbrühe
320 g gekochtes Hühnerfleisch, gewürfelt
60 ml Tomatensaft, 1 Teelöffel Worcestershiresauce
1–2 Teelöffel Currypulver
Salz, 370 g gekochter brauner Reis

Zwiebeln, Sellerie und Öl in eine mittelgroße beschichtete
Pfanne geben. Unter stetem Umrühren bei Mittelhitze etwa
3 Minuten garen, bis das Gemüse weich ist. Das Mehl zugeben
und 1 Minute rühren. Die Brühe zugießen und 2 Minuten unter
Rühren weitergaren, bis die Mischung Blasen wirft und etwas
eingedickt ist. Hühnerfleisch, Tomatensaft, Worcestershiresauce zugeben und mit Currypulver und Salz abschmecken. Weitere 3 Minuten garen, damit alle Aromen sich mischen können. Dabei ständig weiterrühren. Auf Reis servieren.

Tipp: Currypulver, eine Mischung verschiedener Gewürze, darun-
ter Kurkuma, das den vertrauten gelben Farbton gibt, ist ein wich-
tiger Bestandteil vieler würziger und köstlicher indischer Gerichte.
Für ein schärferes indisches Curry nehmen Sie etwas mehr Currypulver und geben einen Teelöffel Cayennepfeffer zu oder Sie wählen
den schärferen Madras-Curry anstatt einer milderen Variante. Verwenden Sie Hühnerfleischreste oder kaufen Sie die praktische vorgekochte Variante, die es in vielen Supermärkten als Aufschnitt
gibt.

Orangen-Ingwer-Huhn
Ein aromatisches Hühnergericht
4 Portionen

1/8 l Orangensaft
1/8 l Sojasauce
1 Teelöffel geriebene Orangenschale
1 Teelöffel gemahlener Ingwer
1/2 Teelöffel Zwiebelsalz
1 Brathuhn von 1300 g, geviertelt

Orangensaft, Sojasauce, Orangenschale, Ingwer und Zwiebelsalz in einen großen Gefrierbeutel geben. Das Huhn hinzufügen, überschüssige Luft herausdrücken. Den Beutel fest verschließen und massieren, dass das Huhn ganz von der Marinade bedeckt ist. Zum Marinieren des Huhns den Beutel
mindestens 2 Stunden (längstens eine Nacht) in den Kühlschrank legen. Das Huhn aus der Marinade nehmen und auf
jeder Seite 15 Minuten grillen, bis es eine Innentemperatur
von etwa 80 °C erreicht und beim Anstechen mit einer Gabel
klarer Saft austritt.

Tipp: Dieses aromatische Gericht passt gut zu pfannengerührtem
oder sautiertem Gemüse. Das geschmacklich beste Ergebnis erzielen Sie, wenn Sie die Marinade einen Tag vorher machen und das
Huhn über Nacht im Kühlschrank marinieren lassen.

Orientalisches gegrilltes Huhn
Ein Geschenk des Fernen Ostens
4 Portionen

1/2 Teelöffel Zwiebelsalz
1/2 Teelöffel Knoblauchsalz
1/2 Bund glatte Petersilie, fein zerkleinert
4 große Hühnerbrüste ohne Haut
1/4 l Sojasauce
Saft von 1 Zitrone

Zwiebelsalz, Knoblauchsalz und Petersilie auf die Hühnerbrüste streuen und diese in einen Gefrierbeutel geben. Die Sojasauce und den Zitronensaft zugießen. Überschüssige Luft aus dem Beutel drücken. Den Beutel fest verschließen und massieren, damit die Marinade ins Hühnerfleisch eindringt. Zum Marinieren 4 bis 6 Stunden in den Kühlschrank legen. Das Hühnerfleisch aus der Marinade nehmen und mindestens 6 Minuten auf jeder Seite grillen, bis das Fleisch gar ist.

Tipp: Die gewürzte Sojasaucen-Mischung gibt diesem einfachen Gericht den Teriyaki-ähnlichen Geschmack. Wir lieben den Geschmack, der beim Grillen auf dem offenen Grill entsteht, doch das Gericht gelingt und schmeckt auch, wenn Sie es unter dem Elektrogrill Ihres Ofens zubereiten.

Schnelles Chili
Ein köstliches Winteressen
4 Portionen

500 g mageres Rinderhackfleisch
1 mittelgroße Zwiebel, zerkleinert
1 kleine grüne Paprika, gewürfelt
1 mittelgroße Dose pürierte Tomaten
300 g gegarte Pinto-Bohnen
(selbst gekocht oder aus der Dose)
250 g eingelegte Chilis, gewürfelt
2 Esslöffel Chilipulver
1 Esslöffel gemahlener Kreuzkümmel
1 Teelöffel Salz

Hackfleisch, Zwiebeln und Paprika in einen mittelgroßen Topf geben. Unter ständigem Rühren bei Mittelhitze etwa 5 Minuten garen, bis das Fleisch krümelig ist und die Zwiebeln glasig sind. Bohnen, Tomaten, Chilipulver, Kreuzkümmel und Salz zugeben. Noch etwa 4 Minuten garen und dabei rühren, bis das Chili sprudelnd kocht.

Tipp: Es gibt unendlich viele Arten, um Chili zuzubereiten. Sie können es mit oder ohne Bohnen machen, mit viel Chili oder wenig und mit oder ohne Cayenne- oder anderem scharfem Pfeffer. Bereiten Sie es nach Ihrem Geschmack zu. In jedem Fall ist Chili ein sehr leckeres Essen.

Zucker-Knacker-Fajitas
Leckeres aus der Tex-Mex-Küche
4 Portionen

650 g Hüftsteak, in 1 cm breite Streifen geschnitten

Für die Fajitas-Marinade:
1/8 l Sojasauce
1/8 l Rapsöl
60 ml Rotweinessig
6 Knoblauchzehen, zerkleinert
1 Lauchzwiebel, fein zerkleinert
1 Teelöffel schwarzer Pfeffer aus der Mühle
1/2 Teelöffel Salz
1 mittelgroße Zwiebel, in schmale Spalten geschnitten
1 grüne Paprika, entkernt und in feine Streifen geschnitten

Das Fleisch in einen großen Gefrierbeutel geben. Sojasauce, Öl, Essig, Knoblauch, Lauchzwiebeln, schwarzen Pfeffer und Salz hinzufügen. Überschüssige Luft aus dem Beutel drücken. Den Beutel fest verschließen und massieren, um die Marinade ins Fleisch einzuarbeiten. 1 1/2 Stunden bei Zimmertemperatur oder über Nacht im Kühlschrank marinieren lassen. Eine große beschichtete Pfanne bei Mittelhitze auf dem Herd oder unter dem Grill vorheizen. Das Fleisch aus der Marinade nehmen und in die Pfanne geben, Zwiebelspalten und Paprikastreifen hinzufügen. Alles etwa 4 bis 5 Minuten garen, bis das Fleisch durch und gebräunt ist.

Tipp: Für diesen gering glykämischen Klassiker der Tex-Mex-Küche können Sie statt des Rindfleischs 650 g Hühnerbrüste ohne Haut und Knochen nehmen. Gut schmeckt das Gericht auch mit der entsprechenden Menge geschälter, geputzter Shrimps, die man gart, bis sie gerade rosa werden. Dazu passen hervorragend: Guacamole-Salat (s. S. 75), Pinto-Bohnen (s. S. 167) und Salsa – entweder selbst gemacht (s. S. 233) oder Ihre fertige Lieblingssalsa. Wenn Sie wollen, können Sie noch zwei Weizenvollkorn-Tortillas pro Person servieren.

Schneller Pfannenfisch
Am besten sofort servieren!
4 Portionen

4 nicht ölige weiße Fischfilets à 175 g
1/2 Teelöffel Knoblauchsalz
1 große Zitrone, halbiert
2 Esslöffel Olivenöl
1/2 Bund glatte Petersilie, zerkleinert

Die Filets mit Knoblauchsalz bestreuen. Reichlich Zitronensaft über den Fisch pressen. Das Öl in eine große Pfanne geben und bei starker Hitze erhitzen. Die Filets hinzugeben und mit der Hälfte der Petersilie bestreuen. Etwa 2 Minuten garen, bis der Fisch auf der Unterseite angebräunt ist. Umdrehen, mit der restlichen Petersilie bestreuen und weitere 2 Minuten garen, bis auch die zweite Seite gebräunt ist. Sofort servieren.

Tipp: Verwenden Sie nicht öligen weißen Fisch, wie Forelle, Roten Schnapper oder Barsch. Trocknen Sie die Fischfilets nach dem Waschen gründlich ab, damit es nicht spritzt, wenn Sie die Filets ins heiße Öl legen.

Saftiger gebackener Fisch
Delikate Fischröllchen mit köstlichem Geschmack
4 Portionen

8 frische, nicht ölige weiße Fischfilets à 120 g
Salz
1 große Zitrone, in 8 Spalten geschnitten
1 große Zwiebel, zerkleinert
1 große Knoblauchzehe, zerkleinert
1 kleine grüne Paprika, zerkleinert
2 mittelgroße Tomaten, jede in 8 Spalten geschnitten
6 Esslöffel trockener Weißwein
6 Esslöffel Olivenöl
Schwarzer Pfeffer aus der Mühle
1/2 Teelöffel getrockneter Oregano

Backofen auf 200 °C (Gas Stufe 3) vorheizen. Die Fischfilets leicht salzen und um eine Zitronenspalte rollen, mit Zahnstochern befestigen. Zwiebeln, Knoblauch und Paprika auf dem Boden einer 2-Liter-Auflaufform aus Glas verteilen. Die Fischröllchen und die Tomatenspalten darauf anrichten. Wein und Öl über den Inhalt der Auflaufform träufeln. Mit Salz, Pfeffer und Oregano bestreuen. Etwa 20 Minuten backen, bis der Fisch weich ist, in dieser Zeit wenigstens einmal mit Saft aus der Form übergießen. Die Fischröllchen mit den Gemüsen belegt servieren.

Tipp: Verwenden Sie nicht öligen weißen Fisch, wie Forelle, Roten Schnapper oder Barsch.

Forelle Amandine
Ein köstliches Gericht aus New Orleans
6 Portionen

2 Esslöffel Weizenvollkorn-Mehl
1 Teelöffel Salz
1 Teelöffel Paprikapulver
6 Regenbogenforellen-Filets à 150 bis 175 g
1 Teelöffel Olivenöl
3 Esslöffel Butter, zerlassen
70 g Mandeln, blättrig geschnitten
Saft von 1/2 Zitrone
6 Tropfen scharfe Sauce (Chilisauce oder Hot Sauce)
2–3 Stängel Petersilie, zerkleinert

Mehl, Salz und Paprika mischen und die Filets darin wenden. Das Olivenöl auf den Boden einer Auflaufform geben und die Filets mit der Haut nach unten hineinlegen. 2 Esslöffel Butter über den Fisch geben. Die Auflaufform etwa 10 cm von der Wärmequelle entfernt platzieren und den Fisch 4 bis 5 Minuten grillen, bis er außen gebräunt und innen glasig ist. In der Zwischenzeit die Mandeln und die restliche Butter in eine mittelgroße beschichtete Pfanne geben. Unter ständigem Rühren etwa 3 Minuten garen, bis die Mandeln gebräunt sind. Die Pfanne von der Kochstelle nehmen und den Zitronensaft, die scharfe Sauce und die Petersilie einrühren. Die Filets auf Tellern anrichten und über jedes Filet etwas Mandelmischung geben.

Tipp: Das Geheimnis besonders wohlschmeckenden Fisches ist, dass er frisch und heiß serviert werden muss. Man darf ihn nicht im Ofen oder unter einer Wärmelampe warm halten. Suchen Sie die frischesten Filets, die Sie bekommen können – fast so frisch wie gerade selbst gefangen – oder kaufen Sie einen ganzen Fisch und lassen ihn vom Fischhändler säubern und filetieren.

Hamburger-Steak
Hamburger als Fleischgericht und nicht im Brötchen
6 Portionen

900 g mageres Rinderhackfleisch
1 kleine Zwiebel, zerkleinert
1/2 Bund Petersilie, zerkleinert
1/2 Teelöffel schwarzer Pfeffer
1 Teelöffel Salz

Das Hackfleisch, Zwiebel, Petersilie und Pfeffer in eine große Schüssel geben und gründlich mischen. 6 dicke Burger aus der Mischung formen und in eine vorgeheizte große beschichtete Pfanne geben. Die Burger mit Salz bestreuen und bei Mittelhitze garen, nach etwa 5 Minuten pro Seite sind sie medium, nach 7 Minuten pro Seite sind sie durch (aber ziemlich trocken!).

Tipp: Servieren Sie zum Hamburger Ihre Lieblings-Steaksauce oder geben Sie Sauce Béarnaise darüber (s. S. 225). Die Burger schmecken auch lecker mit sautierten Pilzen (s. S. 178) und mit einem Caesar's Salat (verwenden Sie das Dressing von S. 217).

Meerrettich-Burger
Burger mit Pfiff
4 Portionen

500 g mageres Rinderhackfleisch
1 mittelgroße Zwiebel, gewürfelt
1 Esslöffel geriebener Meerrettich
1 Esslöffel mittelscharfer Senf
1 Esslöffel Tomatensauce
1/2 Teelöffel Salz

Hackfleisch, Zwiebeln, Meerrettich, Senf, Tomatensauce und Salz in eine mittelgroße Schüssel geben und gründlich mischen. Aus der Masse 4 Burger formen und diese bei Mittelhitze in einer großen beschichteten Pfanne braten: 3 bis 4 Minuten pro Seite für medium, 6 Minuten, wenn Sie Burger gut durch (aber ziemlich trocken!) mögen.

Tipp: Sie können eine unwahrscheinliche Vielfalt an Gewürzen zum rohen Hackfleisch geben und immer ein gutes Ergebnis erzielen. Für »Zwiebel-Tomaten-Brötchen«, einer Alternative zu den hoch glykämischen Hamburger-Brötchen, tunken Sie Zwiebel- und Tomatenscheiben in Eiweiß und wenden sie in geriebenem Parmesan-Käse. Bei starker Hitze etwa 1 Minute auf jeder Seite in Öl anbraten, bis sie knusprig und leicht gebräunt sind. Mit Pfeffer und Würzsalz bestreuen. Jeden Burger zwischen einer Zwiebel- und einer Tomatenscheibe servieren.

Gebratene Kammkoteletts
Schnelle, würzige Vorspeise
2 Portionen

4 Lendenkoteletts vom Lamm à 150 g
1 Esslöffel Zitronensaft
2 Teelöffel Apfelessig
1/2 Teelöffel italienisches Gewürz
1/4 Teelöffel Knoblauchsalz
1/4 Teelöffel schwarzer Pfeffer aus der Mühle

Einen Bräter oder eine beschichtete Pfanne erhitzen. Die Koteletts auf beiden Seiten mit Zitronensaft und Essig beträufeln. In einer kleinen Schüssel italienisches Gewürz, Knoblauchsalz und Pfeffer mischen. Die Mischung auf beide Seiten jedes Koteletts streuen. Die Koteletts in den Bräter geben und von jeder Seite etwa 4 Minuten braten, bis sie medium sind.

Tipp: Dieses Gericht schmeckt fantastisch, wenn Sie es auf einem offenen Grill zubereiten.

Lamm mit Curry
Zwei, die füreinander bestimmt sind
4 Portionen

100 g brauner Reis (Naturreis)
500 g mageres Lammfleisch von der Keule,
alles sichtbare Fett entfernt
und in 0,5 cm große Würfel geschnitten
2 Teelöffel Currypulver
1/2 Teelöffel Salz
1/2 Teelöffel schwarzer Pfeffer aus der Mühle
1 Esslöffel Rapsöl
1 mittelgroße Zwiebel, gewürfelt
2–3 Stängel glatte Petersilie, zerkleinert
1/8 l Wasser

Reis gemäß Anweisung auf der Packung garen. Lamm, Currypulver, Salz und Pfeffer in einer Schüssel gut mischen. Mit Öl
und Zwiebeln in eine große beschichtete Pfanne geben. Unter
stetem Rühren bei starker Hitze 4 bis 5 Minuten garen, bis
das Fleisch leicht gebräunt ist. Petersilie und Wasser zugeben
und gut umrühren. Zudecken, Hitze auf Mittelhitze zurückstellen und etwa 10 Minuten garen, bis das Fleisch durch und
die Sauce eingedickt ist. Auf warmem braunem Reis servieren.

Tipp: Dies ist ein schön mildes Fleischcurry, wie es ähnlich in der
Karibik zubereitet wird. Wenn Sie es gern schärfer und würziger
mögen, steigern Sie langsam die Menge an Currypulver und geben
Sie Cayennepfeffer in 1/2-Teelöffel-Schritten zu.

Lamm in der Kräuterkruste
Eine einfache, aber köstliche Art, Lamm zu genießen
4 Portionen

1/2 Bund Petersilie, zerkleinert
1 Lauchzwiebel, zerkleinert
2 Teelöffel Knoblauch, fein gewürfelt
2 Esslöffel Olivenöl
30 g Krümel von Weizenvollkornbrot
1/2 Teelöffel gemahlener Kreuzkümmel
1/2 Teelöffel gemahlener Kurkuma
1/2 Teelöffel getrockneter Thymian
Salz
Schwarzer Pfeffer aus der Mühle
4 Lendenstücke vom Lamm à 175 g

Backofen auf 220 °C (Gas Stufe 3) vorheizen. Petersilie, Lauchzwiebeln, Knoblauch, Öl, Brotkrümel, Kreuzkümmel, Kurkuma, Thymian, Salz und Pfeffer in einem tiefen Teller gründlich
mischen. Beide Seiten der Lammkoteletts in diese Würzmischung drücken. Die Koteletts in eine quadratische Auflaufform aus Glas geben und im Backofen garen, nach 15 Minuten
sind sie medium-rare, nach 20 Minuten medium. Während
der Backzeit die Fleischstücke einmal wenden.

Tipp: Lendenkoteletts sind vom zartesten Stück des Lamms. Entfernen Sie die Knochen und Fettränder.

Lamm-Eintopf
Lassen Sie Ihren Herd die Arbeit machen!
4 bis 6 Portionen

2 Esslöffel Butter
1 große weiße Zwiebel, zerkleinert
675 g Schmorfleisch vom Lamm, grob gewürfelt
1/2 Teelöffel getrockneter Thymian
1/2 Teelöffel getrockneter Rosmarin
1/2 Teelöffel Salz
1/8 Teelöffel schwarzer Pfeffer aus der Mühle
1/4 l Hühnerbrühe
1 300-g-Packung TK-Schnippelbohnen, aufgetaut
1 300-g-Packung TK-Erbsen, aufgetaut

Die Butter bei Mittelhitze in einem großen beschichteten Topf
zerlassen. Zwiebeln zugeben und etwa 2 Minuten anbraten, bis
sie weich sind. Lamm, Thymian, Rosmarin, Salz und Pfeffer hinzufügen. Die Brühe zugießen und zum Kochen bringen. Zudecken, die Hitze reduzieren (geringe Hitze) und etwa 1 1/2 Stunden köcheln lassen, bis das Fleisch weich ist. Die Bohnen und
Erbsen einrühren und weitere 10 Minuten garen.

Tipp: Obwohl Sie dieses Gericht nicht in einer halben Stunde kochen können, ist für diesen herzhaften Eintopf nur wenig Vorbe-
reitungszeit nötig, wenn Sie vorgeschnittenes Schmorfleisch vom
Lamm und tiefgefrorene grüne Bohnen und Erbsen nehmen. Zerkleinern Sie nur die Zwiebel und lassen Sie Ihren Herd die Arbeit
machen, während Sie etwas anderes tun können. Wenn Sie das
etwas magerere Fleisch von der Lammkeule bevorzugen, schneiden Sie es in 3-cm-Würfel, und garen Sie es etwa 30 Minuten länger.

Spinat-Lasagne
Schlank werden mit Genuss
6 Portionen

8 Scheiben magere Wurst nach Wahl
2 Packungen (à 300 g) TK-Spinat
2 Gläser Tomatensauce ohne Zuckerzusatz à 750 g
420 g teilentrahmter Ricotta-Käse, 2 große Eier
1 Schachtel Weizenvollkorn-Lasagneblätter
300 g kleine frische Pilze, in Scheiben geschnitten
300 g Mozzarella-Käse, zerkleinert
Geriebener Parmesan-Käse, nach Belieben

Backofen auf 180 °C (Gas Stufe 2) vorheizen. Die Wurst bei Mittelhitze in einer mittelgroßen beschichteten Pfanne kurz anbraten. Den Spinat 7 Minuten bei höchster Einstellung in die Mikrowelle geben, dann in ein Sieb schütten und abtropfen lassen. Tomatensauce, Ricotta-Käse und Eier in einer Schüssel gründlich mischen. Eine dünne Schicht der Saucenmischung auf den Boden einer Lasagneform geben, darauf jeweils eine Lage ungekochter Lasagneblätter, Sauce, Spinat, Wurst, Pilze und Mozzarella-Käse einschichten und obenauf Parmesan-Käse streuen. Alle 8 Lagen wiederholen. Mit Folie abdecken und etwa eine Stunde backen, bis Blasen erscheinen. Aus dem Backofen nehmen und vor dem Aufschneiden 15 Minuten stehen lassen.

Tipp: Dies ist das Lieblingsrezept von Pam Hoffman aus New Orleans. Obwohl die Zubereitung etwas länger dauert, sagt Pam, dass sie extrem einfach ist für ein Rezept, das so gute Ergebnisse erzielt – das betrifft den Geschmack genauso wie die Erfolge der Zucker-Knacker-Ernährungsweise.

Mexikanische Lasagne
Ein Gericht mit viel Würze
4 Portionen

450 g Schweinehackfleisch
1 kleine Zwiebel, klein gewürfelt
1 große Knoblauchzehe, zerkleinert
160 g gewürfelte Tomaten aus der Dose
120 g eingelegte Chilis, zerkleinert
1/2 Esslöffel Chilipulver
150 g Ricotta-Käse aus entrahmter Milch
1 großes Ei, verschlagen
2 Esslöffel Korianderkraut, fein zerkleinert
3 Weizenvollkorn-Tortillas von 22,5 cm Durchmesser
130 g Mozzarella-Käse, zerkleinert

Backofen auf 200 °C (Gas Stufe 3) vorheizen. Eine große beschichtete Pfanne bei starker Hitze erhitzen. Hackfleisch, Zwiebeln und Knoblauch zugeben. Das Fleisch mit einem Holzlöffel zerteilen und 2 bis 3 Minuten garen, bis es krümelig und
nicht mehr rosa ist. Auf Mittelhitze zurückstellen. Tomaten,
Chilis und Chilipulver zugeben und etwa 2 Minuten kochen,
bis das Ganze eingedickt ist. Ricotta-Käse, Eier und Korianderkraut in einer Schüssel mischen. Eine Tortilla auf den Boden einer Kuchenform von 22,5 cm Durchmesser legen. Die
Fleischmischung darauf verteilen. Eine zweite Tortilla darauf
geben und die Ricotta-Mischung darauf verteilen. Die dritte
Tortilla obenauf legen, mit Alufolie bedecken und 15 Minuten backen. Die Folie entfernen und auf der obersten Tortilla
den Mozzarella-Käse verteilen. Die Form noch einmal in den
Ofen schieben und etwa 5 Minuten backen, bis der Käse geschmolzen und die Tortilla leicht gebräunt ist.

Tipp: Sie brauchen sich keine Arbeit mit Lasagneblättern zu machen, wenn Sie diese schnelle, gut sättigende Version zubereiten. Sie können auch jedes andere Hackfleisch (Rind, Lamm) nehmen. Verwenden Sie jedoch nur Weizenvollkorn-Tortillas und nicht die hoch glykämischen Mais- oder Mehl-Tortillas.

Chili ohne Fleisch
Ein Chili für Vegetarier
4 bis 6 Portionen

3 mittelgroße Zwiebeln, zerkleinert
2 Knoblauchzehen, zerkleinert
1 Esslöffel Olivenöl
3 große Tomaten, entkernt und zerkleinert
1 mittelgroße Dose Tomatensauce
1 große Dose oder 2 mittelgroße Dosen
Pinto- oder Kidney-Bohnen, abgespült und abgegossen
1/4 l Wasser, Saft von 1/2 Zitrone
4 Teelöffel getrockneter Oregano
2 Teelöffel Chilipulver, 1/4 Teelöffel Cayennepfeffer, Salz

Zwiebeln, Knoblauch und Öl bei mittlerer Hitze in einen 2-Liter-Topf geben. Unter stetem Rühren 5 Minuten garen, bis die Zwiebeln glasig werden. Tomaten, Tomatensauce, Bohnen, Wasser, Zitronensaft, Oregano, Chilipulver und Cayennepfeffer einrühren. 20 Minuten garen, dabei gelegentlich umrühren. Vor dem Servieren mit Salz abschmecken.

Tipp: Dieses Chili ist reich an Ballaststoffen und fettarm. Liebhaber scharfen und würzigen Essens mögen es gern, wenn zu dem Chili mit Frischkäse gefüllte Jalapeño-Schoten gereicht werden. Dafür 6 ganze Jalapeño-Schoten halbieren und entkernen und jede mit etwa 1/2 Esslöffel Frischkäse füllen.

Sautierte Austern
Für alle, die Austern nicht roh mögen
2 Portionen

1 Schalotte, fein zerkleinert
2 Esslöffel Butter
20–24 Austern ohne Schale, abgegossen
1 Teelöffel Worcestershiresauce
Salz, nach Belieben
Saft von 1/2 Zitrone

Schalotten und Butter in eine mittelgroße Pfanne geben und bei mittlerer Hitze etwa 5 Minuten garen, bis die Schalotten glasig sind. Austern, Worcestershiresauce und nach Belieben Salz hinzufügen. 6 bis 8 Minuten garen, bis die Ecken sich aufrollen und die Austern sich fest anfühlen. Dabei einmal wenden. Während der letzten Minute der Garzeit den Zitronensaft auf die Austern träufeln. In flachen Schalen servieren.

Tipp: Wenn Sie kleinere Austern verwenden, können Sie diese auf einem Rechaud als Vorspeise servieren. Als Vorspeise schmecken Austern besonders gut mit grünem Salat oder Gemüse, wie grünen Bohnen, Erbsen oder Spargel.

Gegrilltes Schweinefilet
Das beste Stück vom Schwein
6 bis 8 Portionen

4 Streifen Speck
900 g Schweinefilet
1/8 l Sojasauce
1 Esslöffel geriebene Zwiebel
1 Knoblauchzehe, zerkleinert

Die Speckstreifen um das Schweinefilet wickeln und mit Zahnstochern befestigen. In einen Gefrierbeutel geben. In einer kleinen Schüssel Sojasauce, Zwiebel und Knoblauch mischen. Über das Schweinefleisch in den Gefrierbeutel gießen, die überschüssige Luft aus dem Beutel drücken und ihn fest verschließen. Über Nacht im Kühlschrank marinieren lassen. Einen Elektro-Grill vorheizen oder einen Holzkohlengrill aufstellen. Das Fleisch aus der Marinade nehmen. Etwa 10 cm von der Wärmequelle entfernt platzieren und 7 Minuten grillen. Das Filet wenden und weitere 7 Minuten garen. Ein letztes Mal wenden und noch 4 Minuten garen, bis das Fleisch eine Innentemperatur von etwa 90 °C erreicht hat. Das Fleisch auf ein Schneidebrett legen und vor dem Aufschneiden etwa 5 Minuten ruhen lassen. Eventuell aufgefangener Bratensaft über das aufgeschnittene Filet geben und servieren.

Tipp: Schweinefilet ist sehr vielseitig, und man kann eigentlich nichts falsch machen. Es ist mager, frei von sichtbarem Fett und gart rasch. Für welche Zubereitungsart Sie sich auch entscheiden, es gibt nur eine Möglichkeit, es zu verderben: Wenn Sie es zu lang garen lassen, denn dadurch trocknet es aus.

Schweinebraten mit Senf
Kinderleicht
4 Portionen

6 Esslöffel Teriyaki-Sauce
1 1/2 Esslöffel trockener Weißwein
1 Esslöffel Dijon-Senf
2 Schweinefilets à 350 g

Backofen auf 200 °C (Gas Stufe 3) vorheizen. In einer kleinen Schüssel Teriyaki-Sauce, Wein und Senf mischen. Die Filets in einen flachen Bräter geben und die Mischung darüber gießen. Etwa 30 Minuten im Backofen braten, bis die Filets gut gebräunt sind und eine Innentemperatur von 70 °C erreicht haben. Nach der Hälfte der Bratzeit die Filets wenden. Das Fleisch auf ein Schneidebrett legen und vor dem Aufschneiden 3 bis 5 Minuten ruhen lassen. Das Fleisch mit Bratensaft beträufeln und servieren.

Tipp: Dieses Rezept ist ganz einfach und geht sehr schnell. Achten Sie darauf, dass Sie eine Teriyaki-Sauce mit nur geringem Zuckerzusatz nehmen.

Gefüllte Schweinelende
Das gewisse Etwas durch frische Aprikosen
4 Portionen

450 g Schweinebraten von der Lende ohne Knochen,
alles sichtbare Fett entfernt
250 g frische Aprikosen, entkernt
Salz
Schwarzer Pfeffer aus der Mühle

Backofen auf 200 °C (Gas Stufe 3) vorheizen. Den Braten senkrecht stellen und mit einem Messer durch die Mitte stechen. Dann ein zweites Mal durchstechen, sodass die beiden Schnitte ein X bilden, einen Hohlraum, der mit dem Stiel eines Holzlöffels vergrößert wird. Dort die Aprikosen hineinfüllen. Das Fleisch mit Salz und Pfeffer würzen und 15 Minuten im Backofen braten. Die Temperatur auf 150 °C reduzieren und das Fleisch weitere 15 oder 20 Minuten braten, bis es eine Innentemperatur von 70 °C erreicht hat. Den Braten auf ein Schneidebrett legen und vor dem Aufschneiden 3 bis 5 Minuten ruhen lassen. In etwa fingerdicke Scheiben schneiden.

Tipp: Man kann das Fleisch auch der Länge nach durchschneiden, so dass eine Tasche entsteht – dabei das Fleisch aber nicht vollständig halbieren. Füllen und dann mit einem Faden zusammenbinden, damit die Füllung nicht herausfällt. Sie könnten auch die gleiche Menge frischer Pfirsiche oder Orangen verwenden, wenn Sie deren Geschmack lieber haben als den von Aprikosen.

Gegrillter Lachs
Gut fürs Herz
4 Portionen

3 Esslöffel Olivenöl
1 Teelöffel frisch gepresster Limettensaft
1 Esslöffel getrockneter Majoran
1/8 Teelöffel Salz
1/8 Teelöffel schwarzer Pfeffer aus der Mühle
4 Lachssteaks à 175 g
1 Limette, in Spalten geschnitten

Öl, Limettensaft, Majoran, Salz und Pfeffer in einer kleinen Schüssel mischen. Die Lachssteaks vollständig mit der Mischung bestreichen. Einen Holzkohlengrill aufstellen oder einen Elektro-Grill vorheizen. Den Fisch etwa 10 cm von der Wärmequelle platzieren und die Steaks etwa 3 Minuten auf jeder Seite grillen, bis sie sich blättrig teilen. Nach dem Wenden den Fisch noch einmal mit der Limetten-Öl-Mischung bestreichen. Jede Portion mit Limettenspalten garnieren.

Tipp: Lachs ist eine sehr gute natürliche Quelle für Omega-3-Fettsäuren. Er ist auch reich an Kalzium, Niacin und Kalium.

Pochierter Lachs
Feiner, aber dennoch würziger Geschmack
2 Portionen

1/2 l Wasser
1/4 l trockener Weißwein
3 Stängel Petersilie
1 kleiner Staudensellerie, zerkleinert
1 cm dicker Streifen frischer geschälter Ingwer
1 Lorbeerblatt
2 ganze schwarze Pfefferkörner
2 Lachssteaks à 225 g
1/4 Zitrone
Salz
Schwarzer Pfeffer aus der Mühle

Wasser, Wein, Petersilie, Sellerie, Ingwer, Lorbeer und Pfefferkörner in einen weiten Topf geben und bei Mittelhitze zum Kochen bringen. Zudecken, die Hitze reduzieren und das Ganze 5 Minuten köcheln lassen. Petersilie, Sellerie, Ingwer und Lorbeerblatt entfernen und wegwerfen. Den Lachs in den Topf geben, Deckel wieder auflegen und das Ganze weitere 8 bis 10 Minuten köcheln lassen, bis der Fisch blättrig auseinander fällt. Vor dem Servieren die Steaks mit Zitrone beträufeln und mit Salz und Pfeffer würzen.

Tipp: Verwenden Sie für dieses Rezept am besten Lachs aus dem Pazifik oder im Atlantik gezüchteten Lachs. Nehmen Sie je nach Geschmack mehr frischen Ingwer (ersetzen Sie ihn nicht durch gemahlenen Ingwer) und Pfefferkörner. Geben Sie Sauce Hollandaise (s. S. 226 und 227) darüber, wenn Sie das mögen.

Sautierte Shrimps
Schlemmen Sie sich schlank!
4 Portionen

6 Esslöffel Olivenöl oder 30 g Butter
900 g mittelgroße Shrimps, geschält und sauber geputzt
1/2 Bund glatte Petersilie, fein zerkleinert
1 Teelöffel Knoblauchsalz
1 Zitrone

Bei Mittelhitze in einer großen beschichteten Pfanne das Öl erhitzen oder die Butter zerlassen. Shrimps, Petersilie und Knoblauchsalz zugeben. 2 bis 2 1/2 Minuten anbraten, bis die Shrimps glasig werden. Zitronensaft über die Shrimps träufeln und noch 1 Minute garen. Die Shrimps auf Teller geben und mit dem Saft aus der Pfanne übergießen.

Tipp: Shrimps haben nur wenig Fett und Kalorien, aber viel Eisen und Kalium. Sättigender ist das Gericht, wenn Sie es auf braunem Reis servieren.

Hüftsteak-Burger
Schön mager, aber nicht so teuer
4 Portionen

500 g Hüftsteakfleisch
1 Teelöffel Knoblauchpulver (Menge nach Belieben)
1/2 Teelöffel Salz (Menge nach Belieben)
1/4 l Olivenöl
Öl zum Bestreichen der Brötchen
6 Weizenvollkorn-Brötchen für Hamburger

Das Fleisch in eine Auflaufform aus Glas geben und auf beiden Seiten mit Knoblauchpulver und Salz bestreuen. Öl zugießen, zudecken und bei Zimmertemperatur 2 Stunden oder im Kühlschrank über Nacht marinieren lassen. Dabei das Fleisch mindestens einmal umdrehen. Einen Elektro-Grill vorheizen oder einen Holzkohlengrill aufstellen. Das Fleisch aus der Marinade nehmen und 4 Minuten auf jeder Seite grillen, bis es medium ist. Die Innenseite der Brötchen leicht mit Öl bestreichen, die gefettete Seite zur Wärmequelle wenden und im Grill toasten. Das Fleisch auf ein Schneidebrett legen und quer in dünne Scheiben schneiden. Mehrere dünne Scheiben auf jedes Brötchen legen. Die Sandwiches halbieren und drei halbe pro Person servieren.

Tipp: Hüftsteak ist mager, aber etwas faserig, daher sollte man es immer – wie angegeben – marinieren. Am besten gart man es nur, bis es medium ist, und schneidet es quer zur Faser in dünne Scheiben. Mit schwarzen Bohnen (s. S. 154) und grünem Salat servieren.

In Ingwer marinierte Lendensteaks
Ein besonderer Geschmack
4 Portionen

1/2 l Burgunder oder anderer trockener Rotwein
300 ml Sojasauce
2 Esslöffel gemahlener Ingwer
4 Knoblauchzehen, geschält
4 Lendensteaks à 300 g

Wein, Sojasauce und Ingwer in einen großen Gefrierbeutel geben. Knoblauch durch eine Presse drücken und dazugeben. Steaks hinzufügen. Die überschüssige Luft aus dem Beutel drücken und ihn verschließen. 4 bis 6 Stunden im Kühlschrank marinieren lassen, dabei die Steaks wenigstens einmal wenden. Einen Holzkohlengrill aufstellen oder einen Elektro-Grill vorheizen. Die Steaks aus der Marinade nehmen und etwa 5 Minuten auf jeder Seite grillen, bis sie medium sind.

Tipp: Mit Bohnen, Spargel und einem grünen Salat servieren. Wenn Sie frischen Ingwer bevorzugen, nehmen Sie etwa 2 Esslöffel geriebenen Ingwer.

Garniertes Steak oder Wild
Ein altes, zuverlässiges Rezept
6 bis 8 Portionen

900 g Rinderlende oder Fleisch von Wild,
das schnell gart (z. B. ausgelöster Rehrücken)
Weißer Pfeffer aus der Mühle
2 Teelöffel Olivenöl
2 mittelgroße weiße Zwiebeln, in Ringe geschnitten
1/4 l Wasser (eventuell mehr)
1 Würfel Rinderbrühe

Alles Fett vom Fleisch entfernen und das ganze Stück in Scheiben von 2,5 x 7,5 cm schneiden. Mit weißem Pfeffer bestreuen. Eine große beschichtete Pfanne bei starker Hitze erhitzen und das Öl zugeben. Das Fleisch, wenn nötig in Partien, etwa 3 Minuten auf allen Seiten leicht bräunen. Zwiebeln, genügend Wasser, dass der Boden der Pfanne etwa 6 mm bedeckt ist, und den Brühwürfel hinzufügen. Zudecken, die Hitze verringern und, je nach verwendetem Fleisch, 20 bis 40 Minuten köcheln lassen, bis das Fleisch weich ist.

Tipp: Der Bratensaft ist sehr würzig; servieren Sie das Fleisch auf Weizenvollkorn-Nudeln und geben Sie Bratensaft darüber.

Texas-Steak
Grillvergnügen im Freien
6 bis 8 Portionen

3/4 Teelöffel Knoblauchpulver
1/2 Teelöffel Würzsalz
1/2 Teelöffel Zwiebelsalz
3/4 Teelöffel schwarzer Pfeffer aus der Mühle
1 1/4 kg Rinderlende (etwa 9 cm dick)
1 Esslöffel Zitronensaft
1 Teelöffel Apfelessig
60 g Butter

Knoblauchpulver, Würzsalz, Zwiebelsalz und Pfeffer in einer kleinen Schüssel mischen. Das Fleisch mit Zitronensaft und Essig beträufeln und zwei Drittel der Würzmischung in das Fleisch einreiben. Zudecken und bei Raumtemperatur 2 Stunden oder im Kühlschrank über Nacht marinieren lassen. Einen Grill – am besten mit Hickoryholz oder -spänen – heizen. Das Fleisch aus der Marinade nehmen und eine Hand breit von der Wärmequelle entfernt platzieren. Das Fleisch bei geschlossenem Deckel 30 bis 60 Minuten grillen, je nachdem, wie gut durch es sein soll. Die Garzeit hängt von der Dicke des Fleischs und der Hitze des Feuers ab. Prüfen Sie zwischendurch, ob das Fleisch den gewünschten Gargrad erreicht hat. Auf einem nicht abgedeckten Grill kann es länger dauern, Fleisch von dieser Größe zu grillen. In der Zwischenzeit die Butter bei mittlerer Hitze in einer kleinen Pfanne zerlassen und die restliche Würzmischung unterrühren. Das Fleisch in 6 mm dicke Streifen schneiden, mit gewürzter Butter beträufeln und sofort servieren.

Tipp: Dieses Gericht sollte auf dem Grill gegart werden, am besten über einem Holzfeuer. Doch wenn es regnet und Sie im Haus im Elektro-Grill grillen müssen, schmeckt es immer noch ausgezeichnet.

Truthahn Suprême
Macht satt und schmeckt
6 bis 8 Portionen

60 g Butter
3 Esslöffel Weizenvollkorn-Mehl
2 Teelöffel Salz
1/2 Teelöffel Paprikapulver
1/4 Teelöffel Currypulver
1/4 Teelöffel schwarzer Pfeffer aus der Mühle
1/2 l fettarme Milch
500 g gekochte Putenbrust in Würfeln
140 g Mandelblättchen oder -stifte
1 300-g-Packung TK-Erbsen, aufgetaut, oder junge Erbsen
aus der Dose, abgegossen
60 ml Vollmilch
60 ml Sahne
8 Scheiben Weizenvollkorn-Brot

Die Butter in einem beschichteten 3-Liter-Topf bei mittlerer Hitze zerlassen. Mehl, Salz, Paprika, Currypulver und Pfeffer untermischen. Die fettarme Milch einrühren. Unter stetem Rühren etwa 5 Minuten garen, bis die Mischung leicht eingedickt ist. Truthahn, Mandeln und Erbsen hinzufügen. Die Hitze verringern und das Ganze 10 Minuten garen. Vollmilch und Sahne einrühren und weitere 1 bis 2 Minuten garen. Auf Toastscheiben anrichten und sofort servieren.

Tipp: Truthahn bzw. Pute enthält nur wenig Fett, Kalorien und Cholesterin und ist reich an Proteinen, Phosphor und Niacin. Verwenden Sie die kleine süße Erbsenart; sie muss nicht vorgekocht werden, die Garzeit mit dem Truthahnfleisch zusammen reicht aus.

Kalbfleisch in Marsala

Ein italienischer Klassiker

4 Portionen

4 Kalbskoteletts à 150 g
2 Esslöffel Weizenvollkorn-Mehl
1 Teelöffel Salz
1/2 Teelöffel schwarzer Pfeffer aus der Mühle
2 Esslöffel Olivenöl
80 ml Marsalawein
2 Esslöffel Butter
1/2 Bund Petersilie, fein zerkleinert

Die Koteletts klopfen, bis sie nicht dicker als 3 mm sind. Mehl, Salz und Pfeffer mischen. Das Fleisch in der Mischung wenden und überschüssiges Mehl abschütteln. Eine große beschichtete Pfanne bei Mittelhitze erhitzen. Das Öl hineingeben und die Koteletts auf jeder Seite 1 Minute garen. Wein und Butter zugeben und etwa 1 Minute garen, bis die Butter geschmolzen ist. Die Koteletts mit der Sauce aus der Pfanne bedecken und mit Petersilie bestreuen.

Tipp: Kalbfleisch ist fettarm und eine ausgezeichnete Quelle für die Vitamine des B-Komplexes.

Kalbfleisch-Piccata
Ein echter Gewinn
2 Portionen

2 Kalbskoteletts à 150 g
2 Esslöffel Weizenvollkorn-Mehl
1/2 Teelöffel Salz
1/4 Teelöffel schwarzer Pfeffer aus der Mühle
2 Esslöffel Olivenöl, 3 Esslöffel trockener Weißwein
2 Esslöffel Butter, 2 Esslöffel frisch gepresster Zitronensaft
2 Teelöffel geriebene Zitronenschale (unbehandelt)
2 Stängel Petersilie

Die Koteletts klopfen, damit sie zarter werden. Mehl, Salz und Pfeffer in einem Teller mischen und die Koteletts in dieser Mischung wenden. Überschüssiges Mehl abschütteln. Eine große beschichtete Pfanne bei Mittelhitze erhitzen. Öl hineingeben und die Koteletts auf jeder Seite etwa 1 Minute braten, bis sie leicht gebräunt sind. Die Koteletts auf einen Teller geben und mit Alufolie zudecken, damit sie warm bleiben. Wein in die Pfanne gießen und etwa 30 Sekunden garen. Butter und Zitronensaft hinzufügen und eine weitere Minute garen, bis die Butter zerlassen ist. Die Koteletts auf Tellern anrichten, die Sauce darüber gießen, mit Zitronenschale bestreuen und mit Petersilie garnieren.

Tipp: Dünne Kalbskoteletts werden manchmal als »scaloppine« bezeichnet. Für rasche Kalbsgerichte wie dieses sollten die Koteletts auf eine Stärke von weniger als 6 mm geklopft werden. Legen Sie das Fleisch zum Klopfen zwischen Frischhaltefolie. Wenn Sie keinen Fleischklopfer haben, verwenden Sie die flache Seite eines Hackmessers oder den Boden einer Pfanne.

Kalbs-Scaloppine mit Tomaten
Ein beliebter Genuss
4 Portionen

4 Kalbskoteletts à 150 g
2 Esslöffel Weizenvollkorn-Mehl
1 Esslöffel Olivenöl
1 Esslöffel Butter
1 mittelgroße Tomate, entkernt und zerkleinert
120 g weiße Champignons, in Scheiben geschnitten
1/8 l trockener Weißwein
1/2 Teelöffel Salz
1/4 Teelöffel schwarzer Pfeffer aus der Mühle

Koteletts mit einem Fleischklopfer auf eine Stärke von weniger als 6 mm bringen. Das Mehl auf einen Teller geben und die Koteletts darin wenden. Überschüssiges Mehl abschütteln. Eine große beschichtete Pfanne bei Mittelhitze erhitzen. Öl und Butter zugeben. Wenn die Butter zerlassen ist, die Koteletts hineinlegen und auf jeder Seite 1 Minute braten. Herausnehmen und auf einen Teller legen. Tomaten und Pilze in die Pfanne geben und unter stetem Rühren 1 bis 2 Minuten garen, bis sie gebräunt sind. Wein zugießen und 30 Sekunden köcheln lassen, damit der Alkohol verdampfen kann. Die Koteletts auf Teller geben, die Sauce darauf verteilen und mit Salz und Pfeffer bestreuen.

Tipp: Wählen Sie Kalbskoteletts, die cremeweiß sind, nicht dunkelrosa. Je heller das Fleisch ist, desto zarter ist es. Die Struktur sollte fest und geschmeidig sein, nicht matschig.

Kalbskoteletts
Junges, zartes Fleisch
4 Portionen

1 Teelöffel getrockneter Rosmarin
1/2 Teelöffel getrockneter Oregano
1/2 Teelöffel schwarzer Pfeffer aus der Mühle
4 Kalbskoteletts à 225 g (etwa 2,5 cm dick)
Salz

Grill vorheizen. Rosmarin, Oregano und Pfeffer in einer kleinen Schüssel mischen. Die Koteletts auf beiden Seiten mit der Mischung einreiben und mit Salz bestreuen. Auf den Grill geben – nach etwa 5 Minuten Grillen auf jeder Seite sind sie medium.

Tipp: Man kann die Koteletts ohne Fett in einer beschichteten Pfanne auf jeder Seite bei Mittelhitze 6 Minuten braten. Als weitere Gewürze – außer Rosmarin und Oregano – kann man eine Estragon-Thymian-Mischung verwenden, die ein kräftigeres, spezielleres Aroma ergibt.

7

Zucker-Knacker-Gemüsegerichte

Gemüse sind hauptsächlich Kohlenhydrate, und diese wiederum sind im weitesten Sinn Zucker. Ihr Körper bekommt aus Zucker die meiste Energie, daher ist der Zucker aus Gemüse, Obst oder Milchprodukten nötig, damit Sie überleben und ein gesundes Leben führen können. Zu viel Zucker jedoch, selbst aus bestimmten Gemüsesorten, kann bei vielen Menschen zu Problemen führen.

Während unsere Vorfahren Obst und Gemüse aßen, die unseren heutigen ähnlich waren, hatten sie keine Gemüse in Hybridformen. Hybridzüchtungen von Gemüse sind erst in der jüngsten Geschichte der Menschheit vorgenommen worden. Was passiert bei Kreuzungen mit den meisten Gemüsen? Sie werden saftiger, weniger faserig oder zäh, geschmackvoller und allgemein von schönerer Farbe. Leider stellen uns diese scheinbar positiven Veränderungen vor Probleme. Ein gravierendes Problem taucht auf, wenn die natürliche Faser verringert wird und der glykämische Wert oder die Blutzucker stimulierende Wirkung gesteigert wird. Dies trifft besonderes auf weiße Kartoffeln und Mais zu, die heute einen glykämischen Wert haben, der den von Tafelzucker übertrifft.

Glücklicherweise sind es nur einige Gemüsesorten (und Früchte), die in die hoch glykämische Kategorie gehören. Wie Sie in der Tabelle »Glykämischer Index« auf Seite 14 sehen, überwiegen die mäßig oder gering glykämischen Gemüse bei

weitem. Deshalb lässt sich die Zucker-Knacker-Ernährungsweise so leicht durchführen.

Wir möchten Sie ermutigen, jeden Tag verschiedene ballaststoffreiche, gering glykämische Gemüse zu essen. Aus ihnen bekommen Sie den Zucker, den Sie zur Energie brauchen, und die
Ballaststoffe, die Ihr Verdauungssystem benötigt. Diese Nahrungsmittel schaffen auch die Ausgewogenheit, die bei Ihnen
eine Übersäuerung verhindert, die auftreten kann, wenn Sie
hauptsächlich Proteine und Fett essen. Wir haben einfach eine
Vielzahl gesunder Gemüse in dieses Kochbuch aufgenommen,
damit Ihnen die Wahl für ein schnelles Essen oder eine Beilage
zu einem leckeren Dinner leicht fällt.

Zucker-Knacker-Gemüserezepte

Überblick

Gedünstete Artischocken
Rundum fein und lecker
2 Portionen

1 große Artischocke
1 Zitronenspalte
1/2 l Wasser
1/8 l Olivenöl
1/2 Teelöffel Knoblauchsalz
1 Esslöffel frisch gepresster Zitronensaft
3 große Knoblauchzehen, fein zerkleinert

Den Stiel der Artischocke auf Höhe des Artischockenbodens abschneiden. Falls gewünscht, die Spitze an jedem Blatt mit der Schere kappen. Die Artischocke der Länge nach halbieren und das »Heu« mit einem Löffel oder einer Messerspitze entfernen. Schnittflächen mit der Zitronenspalte abreiben. Die Artischocke in einen mittelgroßen Topf geben und das Wasser zugießen und zum Kochen bringen. Zudecken, die Hitze reduzieren und die Artischocke 25 bis 30 Minuten köcheln lassen, bis sich das Stielende leicht mit einer Messerspitze anstechen lässt und die großen Mittelblätter sich leicht abziehen lassen. Öl, Knoblauchsalz, Zitronensaft und Knoblauch in eine kleine Schüssel geben und als Dip gut verrühren. Die Artischocke abgießen und mit dem Dip servieren.

Tipp: Artischocken sind eine gute Quelle für Folsäure, Magnesium, Vitamin C und Ballaststoffe, besonders wenn Sie auch eine Portion der Blätter essen. Um die Artischocke zu essen, zupfen Sie einzelne Blätter ab und tunken sie in die Sauce, dann ziehen Sie das zarte Fleisch mit den Zähnen aus der unteren Hälfte des Blattes. Und vergessen Sie das Herz nicht, das viele als besten Teil betrachten.

Schneller Spargel
Noch rascher geht's wirklich nicht
4 Portionen

500 g frischer Spargel
1 Esslöffel Wasser
2 Esslöffel French Dressing ohne Zuckerzusatz

Die harten Stielenden der Spargelstangen entfernen und den Spargel waschen. Wasser in ein mikrowellengeeignetes Gefäß geben, den Spargel hinzufügen und mit Küchenkrepp abdecken. In der Mikrowelle auf höchster Stufe 2 bis 4 Minuten garen, bis er knackig zart ist. Die Garzeit hängt von der Dicke des Spargels und der Wattzahl der Mikrowelle ab. Das Dressing zugeben und sofort servieren.

Tipp: Schon rund 100 Gramm Spargel liefern den empfohlenen täglichen Bedarf an Vitamin C. Spargel ist im späten Frühjahr und Frühsommer am besten, wählen Sie feste, helle Stangen.

Einfache Avocado
Last-minute-Gemüsegericht
2 Portionen

1 reife Avocado
1/4 Zitrone
2 Teelöffel French Dressing ohne Zuckerzusatz
Salz

Avocado der Länge nach halbieren und den Stein entfernen.
Die Hälften mit der Schnittfläche nach oben auf Salatteller
legen, Zitronensaft darauf pressen und mit French Dressing
beträufeln. Mit etwas Salz bestreuen.

Tipp: Da die Avocadohälften in der Schale serviert werden, geben
Sie Löffel dazu, um das Fleisch herauszuholen. Zögern Sie nicht,
etwas mehr Dressing, Zitronensaft oder Salz nach Belieben zuzu-
geben, während Sie die Avocado essen.

Schwarze Bohnen

Ein wahrer Genuss

8 bis 10 Portionen

500 g getrocknete Schwarze Bohnen, abgespült und verlesen
2 1/2 l Wasser
200 g gekochten Schinken
(nicht mit Zucker konserviert), gewürfelt
1 große Zwiebel, gewürfelt
1 Selleriestaude, in Scheiben geschnitten
2 Lorbeerblätter
1 Esslöffel Worcestershiresauce
1 Teelöffel Salz
1/2 Teelöffel schwarzer Pfeffer aus der Mühle

Zum Garnieren (nach Belieben):
Zwiebel- und Tomatenwürfel
Selbst gemachte Salsa (s. S. 233)

Bohnen, Wasser, Schinken, Zwiebeln, Sellerie und Lorbeerblätter in einen Bräter geben. Bei Mittelhitze kurz zum Kochen bringen und eine Stunde garen, dabei die Hitze so regulieren, dass das Ganze köchelt. Lorbeerblätter herausnehmen und wegwerfen. Worcestershiresauce, Salz, Pfeffer und, falls nötig, mehr Wasser zugeben. Zudecken und 15 bis 30 Minuten weiterköcheln lassen, bis die Bohnen weich sind. Nach Wunsch mit Zwiebel- und Tomatenwürfeln oder mit selbst gemachter Salsa servieren.

Tipp: Die Bohnen sind ballaststoffreiche, proteinreiche Kohlenhydrate. Schwarze Bohnen sind ideal für jemanden, der abnehmen möchte, weil sie sättigend und gering glykämisch sind.

Grüne Bohnen mit Knoblauch
Ein 10-Minuten-Gericht
4 bis 6 Portionen

500 g frische Grüne Bohnen, geputzt
2 Teelöffel Olivenöl
1/2 Teelöffel Knoblauchsalz

Die Bohnen abspülen, aber nicht abtrocknen, um das Dämpfen zu erleichtern. In ein mikrowellengeeignetes Gefäß geben und mit Frischhaltefolie bedecken. 3 bis 5 Minuten, je nach Wattzahl der Mikrowelle, bei voller Stärke in die Mikrowelle stellen. Öl und Knoblauchsalz untermischen.

Tipp: Halbiert garen die Bohnen etwas schneller. Wenn Sie keinen Knoblauch mögen, nehmen Sie Tafelsalz.

Einfache Grüne-Bohnen-Kasserolle
Schnell und gut
4 bis 6 Portionen

1/8 l Rapsöl
1 mittelgroße weiße Zwiebel, in Ringe geschnitten
1 300-g-Packung TK-Brechbohnen, aufgetaut,
oder aus der Dose, abgegossen
1 mittelgroße Dose Champignoncremesuppe

Backofen auf 180 °C (Gas Stufe 2) vorheizen. Einen mittelgroßen Topf bei starker Hitze erhitzen. Das Öl hineingeben und 3 Minuten heiß werden lassen, bis es leicht zu rauchen beginnt. In Partien die Zwiebelringe hineingeben und etwa 30 Sekunden braten, bis sie goldbraun sind. Die Zwiebelringe herausnehmen und auf Küchenpapier abtropfen lassen. Die Grünen Bohnen und die Suppe in eine ofenfeste 1-Liter-Kasserolle geben. Die Zwiebeln über die Mischung streuen und etwa 25 Minuten backen, bis das Ganze obenauf goldbraun ist.

Tipp: Damit das sehr heiße Öl, in dem die Zwiebeln gebraten werden, nicht spritzt, nehmen Sie einen Topf mit hohem Rand, geben Sie nicht zu viele Zwiebeln auf einmal hinein und entnehmen Sie die Zwiebeln mit einem Schaumlöffel.

Grüne-Bohnen-Kastanien-Kasserolle
Die Mühe lohnt sich
10 bis 12 Portionen

80 g Butter
750 g Brechbohnen, tiefgefroren
oder aus der Dose, abgegossen
1 mittelgroße Zwiebel, gewürfelt
250 g weiße Champignons, frisch
oder aus der Dose, in Scheiben geschnitten
3/4 l Milch
2 Esslöffel Weizenvollkorn-Mehl
2 Teelöffel Sojasauce
1 Teelöffel Worcestershiresauce
1/4 Teelöffel Tabasco oder andere scharfe Sauce
1 Teelöffel Würzsalz
1 Teelöffel schwarzer Pfeffer aus der Mühle
1 mittelgroße Dose Wasserkastanien,
in Scheiben geschnitten, abgespült und abgegossen
70 g Mandelblättchen

Backofen auf 150 °C (Gas Stufe 1) vorheizen. Die Hälfte der
Butter in einer mittelgroßen Pfanne bei Mittelhitze zerlassen.
Bohnen, Zwiebeln und Pilze zugeben. Etwa 8 Minuten braten,
bis die Gemüse weich sind. In einer Schale Milch, Mehl, Sojasauce, Worcestershiresauce, Tabasco, Würzsalz und Pfeffer verrühren. Die Mischung in eine Pfanne gießen, die restliche Butter hinzufügen und alles gründlich mischen. Wasserkastanien
und Mandeln hinzufügen. Alles in eine feuerfeste 2-Liter-Kas-
serolle geben und etwa 30 Minuten backen, bis es Blasen wirft
und obenauf leicht gebräunt ist.

Tipp: Dieses Gericht ist eine vollständige Mahlzeit. Servieren Sie es einfach mit grünem Salat. Für einen knusprigeren Belag streuen Sie die Mandelblätter auf die Kasserolle anstatt sie hineinzumischen.

Grüne Bohnen mit Meerrettichsauce
Ein Gericht mit Biss
8 Portionen

125 g gekochter Schinken, gewürfelt
(nicht mit Zucker konserviert) oder Speck, gewürfelt
1 große Zwiebel, in Ringe geschnitten
500 g Brechbohnen, tiefgefroren
oder aus der Dose, abgegossen
1/4 l Wasser
1 Glas Mayonnaise
2 hart gekochte Eier, zerkleinert
1 gehäufter Esslöffel Meerrettich aus dem Glas
1 Teelöffel Worcestershiresauce
1/2 Teelöffel Knoblauchsalz
1/2 Teelöffel Selleriesalz
1/2 Teelöffel Zwiebelsalz
Schwarzer Pfeffer aus der Mühle
2-3 Stängel Petersilie, fein zerkleinert
Saft von 1 Zitrone

Schinken und Zwiebeln bei mittlerer Hitze in einen großen Topf geben. Unter gelegentlichem Umrühren 2 bis 3 Minuten garen, bis der Schinken leicht angebräunt und die Zwiebeln glasig ist. Bohnen und Wasser zugeben. Zudecken, die Hitze reduzieren und etwa 20 Minuten köcheln lassen, bis die Bohnen weich sind. Inzwischen Mayonnaise, Eier, Meerrettich,

Worcestershiresauce, Knoblauchsalz, Selleriesalz, Zwiebelsalz, Pfeffer, Petersilie und Zitronensaft in eine Schüssel geben und alles gründlich mischen. Die Bohnenmischung abgießen, auf eine Servierplatte geben und die Meerrettichsauce darüber geben.

Tipp: Wenn Sie eine sehr scharfe Sauce zu den Bohnen möchten, nehmen Sie 2 Esslöffel vom Meerrettich. Verwenden Sie Bohnen aus der Dose, wählen Sie eine Marke, die wenig Salz enthält, oder nehmen Sie beim Zubereiten etwas weniger von den angegebenen Salzen.

Grüne Bohnen all'italiana
Parmesan schmeckt immer zu Bohnen
5 bis 6 Portionen

80 ml Olivenöl
1 mittelgroße Zwiebel, gewürfelt
1 mittelgroße grüne Paprika, entkernt und gewürfelt
1 Knoblauchzehe, geschält
500 g Brechbohnen, tiefgefroren (aufgetaut)
oder aus der Dose, abgegossen
1 Teelöffel getrocknetes Basilikum
Salz
Schwarzer Pfeffer aus der Mühle
2 Esslöffel Parmesan-Käse, frisch gerieben

Backofen auf 180 °C (Gas Stufe 2) vorheizen. Eine große Pfanne bei starker Hitze erwärmen. Öl, Zwiebeln und Paprika hineingeben. Den Knoblauch durch die Presse hineindrücken. Unter gelegentlichem Umrühren etwa 2 Minuten garen, bis die Zwiebeln leicht gebräunt sind. Bohnen und Basilikum einrühren. Mit Salz und Pfeffer abschmecken. Das Ganze in eine ofenfeste 1-Liter-Kasserolle geben und mit Parmesan bestreuen. Etwa 10 Minuten backen, bis der Käse goldbraun ist.

Tipp: Anstatt im Backofen könnten Sie die Kasserolle auch bei voller Stärke in der Mikrowelle in etwa 2 1/2 Minuten backen. Denken Sie daran, dass Parmesan-Käse salzig ist – geben Sie nicht zu viel Salz zu.

Grüne Bohnen mit Senfsauce
Noch ein leckeres Gericht mit Grünen Bohnen
4 Portionen

2 Eigelb, verschlagen
1 Teelöffel Weizenvollkorn-Mehl
1/2 Teelöffel Senfpulver
1/4 Teelöffel Salz
180 ml abgekochte Milch
Saft von 1/2 Zitrone
300 g frische grüne Bohnen, geputzt,
oder tiefgefrorene Brechbohnen, aufgetaut

Eier, Mehl, Senfpulver und Salz über köchelndem Wasser – im Wasserbad – verquirlen. Unter ständigem Rühren die Milch zugießen und etwa 4 Minuten garen, bis die Sauce so eingedickt ist, dass sie an der Rückseite eines Holzlöffels hängen bleibt. Den Zitronensaft zugeben und umrühren. Die frischen Bohnen in der Mikrowelle 3 bis 5 Minuten bei höchster Stärke garen, bis sie knackig zart sind, oder die tiefgefrorenen Bohnen nach Anleitung auf der Packung zubereiten. Die Bohnen auf eine Servierplatte geben und die Sauce darüber gießen.

Tipp: Frische oder tiefgefrorene Bohnen sind eine ausgezeichnete Quelle für Ballaststoffe, Vitamin A und Vitamin C. Die Milch zum Abkochen in einem kleinen Topf bei Mittelhitze 3 bis 4 Minuten erhitzen, bis sie zu dampfen beginnt und sich am Rand Blasen bilden.

Kidney-Bohnen mit Schinken

Ballaststoffreicher Genuss

8 bis 10 Portionen

450 g getrocknete Kidney-Bohnen, abgespült und verlesen
2 l Wasser
300 g gekochter Schinken
(nicht mit Zucker konserviert), gewürfelt
1 mittelgroße Zwiebel, gewürfelt
1 Knoblauchzehe, zerkleinert
2 große Lorbeerblätter
Schwarzer Pfeffer aus der Mühle
1 Teelöffel Salz

Bohnen und Wasser in einen großen Topf geben. Bei Mittelhitze zum Kochen bringen. In der Zwischenzeit den Schinken in einer mittelgroßen beschichteten Pfanne 4 bis 5 Minuten anbraten, bis er leicht angebräunt ist. Herausnehmen und in eine Schüssel geben. Zwiebeln und Knoblauch in die Pfanne geben. Etwa 2 Minuten anbraten, bis die Zwiebeln leicht angebräunt sind. Schinken, Zwiebeln, Knoblauch, Lorbeerblätter und Pfeffer (nach Geschmack) zu den Bohnen geben. Alles zum Kochen bringen, den Topf zudecken und die Hitze reduzieren. Etwa 1 Stunde köcheln lassen, bis die Bohnen weich, aber noch bissfest sind. Wenn nötig, noch Wasser zugeben. Die Lorbeerblätter herausnehmen und wegwerfen. Salz einrühren und servieren.

Tipp: Kidney-Bohnen haben so ziemlich den höchsten Anteil an Ballaststoffen aller Bohnen. Wir haben hier rote Kidney-Bohnen verwendet, doch Sie können sie gut durch weiße Kidney-Bohnen ersetzen, die auch als Cannellini-Bohnen bekannt sind.

Linsen
Eine gute Quelle für pflanzliche Proteine
8 bis 10 Portionen

450 g getrocknete Linsen, abgespült und verlesen
1 l Wasser
1/8 l Olivenöl
1 große Zwiebel, fein zerkleinert
Salz
Schwarzer Pfeffer aus der Mühle

Linsen und Wasser in einen 3-Liter-Topf geben und zum Kochen bringen. Zudecken, die Hitze reduzieren und 15 bis 20 Minuten köcheln lassen, bis die Linsen weich, aber noch bissfest sind. Abgießen und beiseite stellen. In einer mittelgroßen Pfanne das Öl erwärmen und die Zwiebeln etwa 4 Minuten anbraten, bis sie glasig sind. Linsen, Salz und Pfeffer zugeben. Noch etwa 5 Minuten garen, um alles zu erwärmen. Wenn nötig, noch etwas Salz hinzufügen.

Tipp: Linsen gibt es seit biblischen Zeiten. Sie liefern eine beträchtliche Menge an Ballaststoffen und Proteinen. Im Nahen Osten wurden Linsen lange als Fleischersatz verwendet.

Würzige Linsen
Gesund und sättigend
4 bis 6 Portionen

450 g getrocknete Linsen, abgespült und verlesen
1 l Wasser
1 mittelgroße Zwiebel, gewürfelt
6 Esslöffel natives Olivenöl extra
160 g Tomaten aus der Dose, gewürfelt
120 g eingelegte Chilis, gewürfelt
2 Teelöffel Salz

Linsen und Wasser in einen großen Topf geben und bei Mittelhitze zum Köcheln bringen. Zudecken, die Hitze reduzieren und etwa 15 Minuten weiterköcheln lassen, bis die Linsen weich, aber noch bissfest sind. Bei starker Hitze die Zwiebel in einer kleinen Pfanne im Öl etwa 2 Minuten anbraten, bis sie weich ist. Zwiebeln, Tomaten und Chilis unter vorsichtigem Umrühren zu den Linsen geben. 10 bis 15 Minuten garen, damit die Aromen sich mischen können. Mit Salz abschmecken.

Tipp: Linsen sind eine großartige Quelle für Folsäure. Rund 100 g liefern etwa 90 Prozent des empfohlenen täglichen Bedarfs an Folsäure. Verwenden Sie für dieses Gericht rote, braune oder grüne Linsen.

Lima-Bohnen
Beste Versorgung mit Ballaststoffen
8 bis 10 Portionen

600 g gekochter Schinken
(nicht mit Zucker konserviert), gewürfelt
1 große Zwiebel, gewürfelt
1 Knoblauchzehe, zerkleinert
450 g Lima-Bohnen, abgespült und verlesen
1 1/2 l Wasser
2 große Lorbeerblätter
Salz
Schwarzer Pfeffer aus der Mühle

Den Schinken in einem beschichteten 3-Liter-Topf bei Mittelhitze etwa 4 Minuten anbraten. Zwiebeln und Knoblauch zugeben und etwa 3 Minuten anbraten, bis die Zwiebeln glasig sind. Die Bohnen unterrühren. Wasser und Lorbeerblätter hinzufügen und alles zum Kochen bringen. Die Hitze reduzieren und das Ganze etwa 45 Minuten köcheln lassen, bis die Bohnen weich, aber noch bissfest sind. Lorbeerblätter entfernen und wegwerfen. Mit Salz und Pfeffer abschmecken.

Tipp: Lima-Bohnen wurden nach der Hauptstadt von Peru benannt. Sie haben außergewöhnlich viele Ballaststoffe und sind eine gute Quelle für pflanzliche Proteine.

Lima-Bohnen in Sauerrahm
Eine schmackhafte Zubereitungsart für Lima-Bohnen
8 Portionen oder mehr

375 g getrocknete Lima-Bohnen,
abgespült und verlesen
3 l Wasser
2 Schalotten, fein zerkleinert
1 mittelgroße rote Paprika, klein gewürfelt
2 Esslöffel Oliven- oder Rapsöl
1/8 l fettreduzierter Sauerrahm
Salz
Schwarzer Pfeffer aus der Mühle

Bohnen und Wasser in einen Bräter geben und bei starker Hitze zum Kochen bringen. Die Hitze reduzieren und etwa 1 Stunde köcheln lassen, bis die Bohnen weich, aber noch bissfest sind. In der Zwischenzeit Zwiebeln und Paprika im Öl bei Mittelhitze in einer beschichteten Pfanne etwa 3 Minuten anbraten, bis die Zwiebeln angebräunt sind. Bohnen abgießen und in eine große Schüssel geben. Zwiebel-Paprika-Mischung und Sauerrahm einrühren. Mit Salz und Pfeffer abschmecken.

Tipp: Lima-Bohnen sind – wie alle Bohnen – bestens für Gerichte aus Resten geeignet. Sie können statt der Schalotten auch Lauchzwiebeln oder einfache Küchenzwiebeln nehmen. Für eine etwas würzigere Variante rühren Sie vor dem Servieren einen Esslöffel Apfelessig und eine Prise Cayennepfeffer ein.

Pinto-Bohnen
Geballter gesunder Genuss
4 bis 6 Portionen

450 g getrocknete Pinto-Bohnen,
abgespült und verlesen
3 l Wasser
2 große Zwiebeln, zerkleinert
3 Scheiben Speck, zerkleinert
Salz
Schwarzer Pfeffer aus der Mühle

Bohnen und Wasser in einen 3-Liter-Topf geben und zum Kochen bringen. Bei Mittelhitze etwa eine Stunde köcheln lassen. Dabei gelegentlich nachsehen, ob Wasser nachgegossen werden muss. Zwiebeln und Speck zugeben und 30 bis 60 Minuten garen, bis alles weich ist. Mit Salz und Pfeffer abschmecken.

Tipp: Salsa (s. S. 233) passt ausgezeichnet zu Pinto- oder schwarzen Bohnen. Dies trifft zu, ob Sie die Bohnen auf dem Teller servieren oder als eine Art Suppe in der Tasse mit sehr viel Flüssigkeit. Pinto-Bohnen sind eine besonders gute Quelle für Folsäure.

Weiße Bohnen
Die gesunden Dicken
8 bis 10 Portionen

450 g Weiße Bohnen, abgespült und verlesen
2 l Wasser
1 Esslöffel Olivenöl
300 g gekochter Schinken
(nicht mit Zucker konserviert), gewürfelt
1 mittelgroße Zwiebel, gewürfelt
1 Knoblauchzehe, zerkleinert
1/2 Teelöffel getrockneter Rosmarin
Salz
Schwarzer Pfeffer aus der Mühle

Bohnen und Wasser in einen 3-Liter-Topf geben. Bei starker Hitze zum Kochen bringen. Öl, Schinken, Zwiebeln und Knoblauch in eine mittelgroße beschichtete Pfanne geben und bei Mittelhitze 4 bis 5 Minuten anbraten, bis der Schinken angebräunt ist. Den Inhalt der Pfanne und den Rosmarin zu den Bohnen geben und die Hitze reduzieren. Etwa 1 Stunde weitergaren, bis die Bohnen weich, aber noch bissfest sind. Wenn nötig, noch etwas Wasser zugeben. Mit Salz und Pfeffer abschmecken.

Tipp: Weiße Bohnen liefern etwa 20 Prozent des täglichen Eisenbedarfs. Sie können alle Bohnensorten mit frischen Kräutern würzen. Wählen Sie Kräuter, die zu den Hauptgerichten passen, zu denen die Bohnen serviert werden. Auf den Seiten 33 bis 36 finden Sie Empfehlungen zum Würzen verschiedener Lebensmittel.

Brokkoli mit Balsamico
Sehr nährstoffreich
4 Portionen

1/8 l Wasser
1 Teelöffel Salz
3 große Brokkoli, in Röschen zerteilt
1 Esslöffel Olivenöl
4 Knoblauchzehen, geschält und zerdrückt
1 kleine Jalapeño-Schote, ohne Kerne,
Häute und Adern, zerkleinert
6 Esslöffel Balsamico-Essig

Wasser in einem 3-Liter-Topf zum Kochen bringen. Salz und Brokkoli zugeben. Wieder zum Kochen bringen und etwa 3 Minuten garen, bis der Brokkoli knackig zart ist. Abgießen und beiseite stellen. Öl, Knoblauch und Jalapeño-Schote bei Mittelhitze in eine mittelgroße Pfanne geben und 1 bis 2 Minuten anbraten, bis der Knoblauch beginnt braun zu werden. Brokkoli und Essig zugeben, die Hitze verringern und noch 2 Minuten garen.

Tipp: Wählen Sie Brokkoli mit festen rötlich-grünen Röschen. Kleine gelbe Blüten zeigen an, dass der Brokkoli seine beste Zeit überschritten hat und etwas bitter sein kann. Brokkoli ist äußerst reich an den wichtigen Vitaminen C und A.

Kalter Kohl

Ein besonders leckeres Rezept
4 Portionen

1 rote Zwiebel,
gekühlt und grob gewürfelt
300 g Weißkohl,
gekühlt und in feine Streifen geschnitten
4–5 Stängel glatte Petersilie,
fein zerkleinert
3 Esslöffel Rapsöl
6 Esslöffel Apfelessig
4 Tabletten Süßstoff
1 Teelöffel Salz

Zwiebeln, Kohl und Petersilie in eine große Schüssel geben. In einer kleinen Schüssel Öl, Essig, Süßstoff und Salz mischen. Das Dressing über die Gemüse geben und alles gründlich mischen.

Tipp: Kohl gehört zur Senffamilie. Dieser Kohlsalat ist ohne Kühlung fertig, da die Zutaten vor der Zubereitung gekühlt wurden.

Cremiger Kohlsalat
Eine konventionellere Version
4 Portionen

200 g Weiß- oder Rotkohl,
in feine Streifen geschnitten
1 Bund Lauchzwiebeln,
in dünne Scheiben geschnitten
1 großer Staudensellerie,
in Scheiben geschnitten
1/8 l Mayonnaise
1 Esslöffel weißer Essig
1/2 Teelöffel Salz
2 Tabletten Süßstoff, nach Belieben

Kohl, Lauchzwiebeln und Sellerie in eine große Schüssel geben. In einer kleinen Schüssel Mayonnaise, Essig, Salz und eventuell Süßstoff verquirlen. Das Dressing zum Kohlsalat geben und alles gründlich mischen. Zudecken und 15 Minuten im Gefriergerät oder eine Stunde im Kühlschrank kühlen.

Tipp: Rot- und Weißkohl enthalten viel Vitamin C und Vitamin A.

Kohlsalat mit Sauerrahm
Noch eine Variante für Kohlsalat
4 Portionen

1/8 l fettreduzierter Sauerrahm
2 Esslöffel Apfelessig
6 Tabletten Süßstoff
1/2 Teelöffel Salz
1/8 Teelöffel schwarzer Pfeffer aus der Mühle
(oder nach Belieben)
1/2 Kopf Weißkohl, in feine Streifen geschnitten

Sauerrahm, Essig, Süßstoff, Salz und Pfeffer in eine kleine Schüssel geben und gründlich mischen. Den Kohl in eine große Schüssel geben, das Dressing zugießen und verrühren. Im Gefriergerät 10 bis 15 Minuten kühlen.

Tipp: Wählen Sie einen Kohlkopf mit festen Blättern, der dicht geschlossen ist.

Süßsaurer Kohl
Eine besondere Kombination
4 Portionen

8 Scheiben Speck, gewürfelt
1 mittelgroße rote Zwiebel, fein zerkleinert
300 g Rotkohl, in feine Streifen geschnitten
4 ganze Nelken
1/4 Teelöffel Salz
sowie zusätzliches Salz zum Abschmecken
1/4 Teelöffel schwarzer Pfeffer aus der Mühle
sowie zusätzlicher Pfeffer zum Abschmecken
80 ml plus 2 Esslöffel Balsamico-Essig
1/8 l Wasser

Speck in einer großen Pfanne bei Mittelhitze knusprig ausbraten. Herausnehmen und auf Küchenpapier abtropfen lassen. Die Zwiebeln in die Pfanne geben und unter stetem Rühren etwa 3 Minuten garen, bis sie glasig sind. Kohl, Nelken, Salz und Pfeffer zugeben. Weitere 3 Minuten unter ständigem Rühren garen. Essig und Wasser zugießen. Zudecken, die Hitze reduzieren und den Kohl etwa 7 Minuten köcheln lassen, bis er weich ist. Den Deckel abnehmen, starke Hitze einstellen und überschüssige Flüssigkeit verkochen lassen. Den Speck in den Kohl geben. Mit Salz und Pfeffer abschmecken.

Tipp: Rotkohl enthält mehr Vitamin C als andere Kohlarten. Wenn Sie keine ganzen Nelken zur Hand haben, verwenden Sie 1/8 Teelöffel gemahlene Nelken. Für zusätzliche Struktur, Süße und Farbe können Sie einen klein geschnittenen Granny-Smith-Apfel in den Kohl rühren, wenn Sie den Speck hinzufügen.

Gedämpfter Blumenkohl
Eine gute Vitamin-C-Quelle
4 bis 6 Portionen

1 großer Blumenkohl, in Röschen zerteilt
1/8 l Wasser
1/8 Teelöffel Salz

Blumenkohl, Wasser und Salz in einen Topf geben und zum Kochen bringen. Bei Mittelhitze 5 bis 7 Minuten garen, bis die Röschen weich, aber noch bissfest sind. Abgießen und servieren.

Tipp: Wenn Sie möchten, können Sie den Blumenkohl mit geriebenem Käse bestreuen oder mit einer flüssigen Würzmischung oder einer Dip-Sauce beträufeln. Den größten Nährwert und die geringste Blutzucker anregende (glykämische) Wirkung haben Gemüse, wenn sie roh gegessen werden. Der Geschmack roher Gemüse kann durch flüssige Würzmischungen oder Dip-Saucen verbessert werden.

Garnierte Aubergine
Macht satt, aber nicht dick
6 bis 8 Portionen

1 mittelgroße Aubergine, geschält und gewürfelt
Warmes Wasser
1 Teelöffel Salz sowie Salz zum Abschmecken
1/8 l Rapsöl
1 mittelgroße Zwiebel, gewürfelt
1 mittelgroße grüne Paprika, entkernt und zerkleinert
Schwarzer Pfeffer aus der Mühle

Auberginen, Wasser und einen Teelöffel Salz in eine große Schüssel geben und 20 Minuten weichen lassen. Abgießen und beiseite stellen. In einer großen Pfanne bei Mittelhitze das Öl erhitzen und Auberginen, Zwiebeln, Paprika zugeben. Mit Salz und Pfeffer abschmecken. Zudecken, die Hitze verringern und das Ganze 5 bis 7 Minuten garen, bis das Gemüse weich, aber noch bissfest ist.

Tipp: Die Aubergine stammt aus Indien. Man glaubt, dass sie vom Präsidenten Thomas Jefferson, der auch ein leidenschaftlicher Gärtner war, in Amerika eingeführt wurde. Als farbenfreudige Ergänzung zu diesem Gericht können Sie das Gemüse mit einer zerkleinerten frischen Tomate ergänzen.

Gefüllte Auberginen
Gesunde Sattmacher
4 Portionen

1 1/4 l Wasser
2 mittelgroße Auberginen
3 Esslöffel Olivenöl
1 kleine Zwiebel, gewürfelt
2 Esslöffel Schalotten, zerkleinert
450 g mittelgroße Shrimps, gekocht und geschält
225 g Krebsfleisch, ohne Knorpel und Schalen
1/2 Bund Petersilie, zerkleinert
1 großes Ei, verschlagen, Saft von 1 Zitrone
1 Esslöffel Worcestershiresauce
Salz, Schwarzer Pfeffer aus der Mühle
75 g Parmesan-Käse, gerieben

Backofen auf 180 °C (Gas Stufe 2) vorheizen. 1 1/4 Liter Wasser
in einem 3-Liter-Topf zum Kochen bringen. Die Aubergine der
Länge nach halbieren und mit einem Löffel das Fruchtfleisch
herausnehmen, dabei knapp einen Zentimeter an der Schale
belassen. Die Auberginenschale beiseite stellen. Das heraus-
gelöste Fruchtfleisch ins kochende Wasser geben, die Hitze reduzieren und das Ganze 5 Minuten köcheln lassen. Abgießen
und beiseite stellen. Eine mittelgroße Pfanne bei Mittelhitze
erhitzen. Öl, dann Zwiebeln und Schalotten hineingeben und
2 bis 3 Minuten anbraten, bis sie weich sind. Fruchtfleisch,
Shrimps, Krebsfleisch und Petersilie, Ei, Zitronensaft, Worcestershiresauce hinzufügen. Mit Salz und Pfeffer abschmecken
und alles gründlich mischen. Die Mischung in die Auberginenschale geben. Die gefüllten Früchte in eine Auflaufform
geben, das restliche Wasser zugießen und das Ganze mit Par-

mesan-Käse bestreuen. Etwa 25 Minuten backen, bis es goldbraun ist.

Tipp: Diese Gericht enthält alles für eine komplette Mahlzeit, wenn Sie einen grünen Salat dazu servieren.

Gerösteter Knoblauch
Pikant und gesund
2 bis 6 Portionen, ganz nach Ihrer Vorliebe für Knoblauch

1 Knoblauchknolle
2 Esslöffel Olivenöl
1 Teelöffel frischer Rosmarin, zerkleinert
1/4 Teelöffel Salz
2 Scheiben Weizenvollkornbrot

Backofen auf 200 °C (Gas Stufe 3) vorheizen. Das obere Ende der Knoblauchknolle abschneiden, damit die Zehen bloßliegen. Die Knolle in eine kleine, für Backofen und Grill geeignete Schüssel geben und 1 Esslöffel Öl darüber gießen. Im Backofen 20 Minuten rösten. Die Schüssel aus dem Ofen nehmen und den Grill vorheizen. Die Knoblauchzehen teilen, wieder in die Schüssel geben, das restliche Öl zugeben und das Ganze mit Rosmarin und Salz bestreuen. Etwa 5 Minuten grillen, bis die Knoblauchzehen knusprig und obenauf schön braun sind. Das Brot in Röstflüssigkeit oder etwas Olivenöl wenden, leicht toasten und den gerösteten Knoblauch darauf verteilen.

Tipp: Von Knoblauch sagt man, dass er ein natürliches Blutverdünnungsmittel ist, und er galt jahrhundertelang als Heilmittel für verschiedene Krankheiten.

Sautierte Pilze
Ein wahrer Genuss
2 bis 4 Portionen

250 g kleine weiße Champignons, geputzt
1/4 l Olivenöl
1 Esslöffel Balsamico-Essig
1/2 Bund Petersilie, zerkleinert
Salz
Schwarzer Pfeffer aus der Mühle

Pilze, Öl und Essig bei Mittelhitze in eine große Pfanne geben. Etwa 12 Minuten garen, bis die Pilze weich sind. In der Hälfte der Garzeit einmal wenden. Petersilie, Salz und Pfeffer zugeben und 10 Sekunden garen.

Tipp: Sie können auch eine Kombination aus verschiedenen Pilzen anstelle von Champignons nehmen, beispielsweise Steinpilze, Shiitake- und Austernpilze.

Okra und Tomaten
Ein herrliches Paar
4 bis 6 Portionen

1/2 Esslöffel Salz
250 g zarte frische Okra, abgespült und abgetrocknet
6 Esslöffel Rapsöl
1 mittelgroße Zwiebel, zerkleinert
1 mittelgroße Paprika, entkernt und zerkleinert
2 Scheiben Speck, zerkleinert
1 mittelgroße Dose gewürfelte Tomaten, abgegossen
4 Tabletten Süßstoff, nach Belieben
1/2 Teelöffel schwarzer Pfeffer aus der Mühle

Wasser in einem mittelgroßen Topf bei starker Hitze zum Kochen bringen. Einen Teelöffel Salz und die Okra zugeben und 8 bis 10 Minuten garen, bis das Gemüse weich ist. Abgießen und abkühlen lassen. Sobald die Okra so weit abgekühlt sind, dass man sie anfassen kann, die Stiele entfernen und die Schoten in Stücke schneiden. In einer großen Pfanne das Öl bei Mittelhitze 2 Minuten erhitzen und Zwiebeln, Paprika und Speck hineingeben. Etwa 2 Minuten anbraten, bis die Zwiebeln leicht gebräunt sind. Die Hitze verringern, Tomaten zugeben und 5 Minuten garen. Okra, eventuell Süßstoff und das restliche Salz zugeben. Weitere 5 Minuten garen, bis alles heiß ist.

Tipp: In diesem Gericht steckt sehr viel Vitamin C, da die Tomaten etwa 40 und die Okra etwa 20 Prozent des empfohlenen Tagesbedarfs decken. Kaufen Sie nur zarte Okraschoten – kleine junge Schoten ohne Druckstellen.

Gebratene Okra
Rundum knusprig
4 Portionen

4 Esslöffel Weizenvollkorn-Mehl
1/2 Teelöffel Salz
1/4 Teelöffel schwarzer Pfeffer aus der Mühle
500 g zarte frische Okra,
abgespült, abgetrocknet und in kurze Stücke geschnitten
1/4 l Raps- oder Olivenöl

Mehl, Salz und Pfeffer in einer Schüssel mischen und die Okra
in dieser Mischung wenden. Das Öl in einem kleinen Topf erhitzen. Die Okra partienweise zugeben und jeweils etwa 1 Minute braten, bis sie knusprig sind. Mit einem Schaumlöffel
herausnehmen und auf Küchenpapier abtropfen lassen.

Tipp: Verwenden Sie einen schweren Topf mit hohem Rand, damit
das heiße Öl nicht herausspritzen kann. Um zu probieren, ob das Öl
heiß genug ist, geben Sie eine einzelne Okraschote hinein. Wenn
das Öl zischt, ist es »bratbereit«. Keines der Öle darf rauchen, denn
überschreitet ein Öl seinen Rauchpunkt, kann es sich entzünden,
außerdem werden schädliche Stoffe freigesetzt.

Garnierte Okra
Deftig, aber trotzdem fein
4 bis 6 Portionen

3 Esslöffel Olivenöl
900 g zarte frische Okra,
abgespült, abgetrocknet und in kurze Stücke geschnitten
1 mittelgroße weiße Zwiebel,
grob gewürfelt
1 mittelgroße grüne Paprika,
entkernt und zerkleinert
4 mittelgroße Tomaten, gewürfelt,
oder 1 mittelgroße Dose gewürfelte Tomaten
Salz
Schwarzer Pfeffer aus der Mühle

Eine große Pfanne bei starker Hitze erhitzen. Das Öl hineingeben und etwa 30 Sekunden erhitzen, bis es gerade zu köcheln beginnt. Okra, Zwiebeln und Paprika hinzufügen und 2 bis 3 Minuten anbraten, bis die Zwiebeln glasig werden. Die Tomaten zugeben. Die Pfanne zudecken, die Hitze reduzieren und das Ganze 7 bis 10 Minuten garen, bis die Okra weich sind. Dabei gelegentlich umrühren. Mit Salz und Pfeffer abschmecken.

Tipp: Das angolanische Wort für Okra ist »Ngombo«. Dies erklärt den Namen Gumbo für den beliebten kreolischen Eintopf, bei dem Okra die Hauptrolle spielt.

Würzige Okra und Tomaten
Ein neuer Pfiff an einem traditionellen Gericht
6 bis 8 Portionen

500 g zarte frische Okra
2 Esslöffel Rapsöl
2 mittelgroße Zwiebeln, zerkleinert
1 mittelgroße grüne Paprika, entkernt und zerkleinert
1 Knoblauchzehe, zerkleinert
160 g gewürfelte Tomaten aus der Dose
120 g eingelegte Chilis
1 mittelgroße Dose Tomatensauce
Salz
Schwarzer Pfeffer aus der Mühle

Die Okra nach den Anweisungen auf der Packung kochen, dann mit kaltem Wasser überspülen, um das Kochen zu stoppen und abtrocknen. Eine große Pfanne bei Mittelhitze erhitzen. Das Öl hineingeben, dann Zwiebeln, Paprika und Knoblauch. Etwa 3 Minuten anbraten, bis die Zwiebeln glasig sind. Okra, Tomaten, Tomatensauce, Salz und schwarzen Pfeffer zugeben. Den Topf zudecken, die Hitze verringern und das Ganze etwa 4 bis 5 Minuten köcheln lassen.

Tipp: Die Chilis geben dem Gericht einige Schärfe. Wer es milder mag, sollte weniger davon nehmen.

Augenbohnen
Bohnen mit Pfiff
8 Portionen

3 l Wasser
450 g getrocknete Augenbohnen
200 g gekochter Schinken
(ohne Zucker konserviert), gewürfelt
1 mittelgroße Zwiebel, gewürfelt
2 große Staudensellerie, zerkleinert
2 Knoblauchzehen, geschält
2 Lorbeerblätter
1/2 Teelöffel getrockneter Oregano
1/2 Teelöffel getrocknetes Basilikum
1/2 Teelöffel schwarzer Pfeffer aus der Mühle
3 Spritzer Tabasco oder eine andere scharfe Sauce
(nach Belieben auch mehr)
Salz

Das Wasser in einen Bräter gießen. Bohnen, Schinken, Zwiebeln, Sellerie, Knoblauch, Lorbeerblätter, Oregano, Basilikum und Pfeffer zugeben. Bei starker Hitze zum Kochen bringen. Die Hitze verringern und, ohne Deckel, etwa 2 Stunden köcheln lassen, bis die Bohnen weich sind. Überschüssige Flüssigkeit, falls vorhanden, abgießen. Die Lorbeerblätter herausnehmen und wegwerfen. Tabasco einrühren und mit Salz abschmecken.

Tipp: Augenbohnen gibt es in manchen Feinkostläden auch in Dosen. Für das vorstehende Rezept brauchen Sie 2 Dosen: Lassen Sie das Wasser und die Lorbeerblätter weg und garen Sie das Ganze zugedeckt 30 Minuten.

Gebackene Süßkartoffel
Einfach, aber einfach nährstoffreich
1 Portion

1 kleine Süßkartoffel, abgebürstet
1 Esslöffel Butter
Salz

Einige Male mit den Zinken einer Gabel in die Süßkartoffel einstechen. Die Kartoffel in Küchenpapier einwickeln und für 4 bis 5 Minuten bei größter Stärke in die Mikrowelle geben, bis sie weich ist. Auf einen Teller legen, der Länge nach einen Schlitz hineinschneiden, Butter und etwas Salz zugeben und noch heiß genießen.

Tipp: Süßkartoffeln sind sehr nährstoffreich und eine großartige Quelle für Betakarotin. Man kann sie tagelang bei Zimmertemperatur in einer Schüssel aufbewahren und dann rasch kochen, wenn sie als Beilage zu einem Fleischgericht gebraucht werden. Zur Abwechslung können Sie auch etwas Zimt, Muskat oder sogar schwarzen Pfeffer aus der Mühle über die warme Kartoffel streuen.

Gebratener brauner Reis
Schmeckt einfach gut!
4 Portionen

2 Esslöffel Erdnussöl
100 g kleine weiße Champignons, in Scheiben geschnitten,
oder aus der Dose, abgegossen
300 g gekochter brauner Reis (Naturreis)
2 Esslöffel Sojasauce
1 großes Ei, verschlagen
6 Scheiben Speck, knusprig gebraten und fein zerkrümelt
2 Lauchzwiebeln, fein zerkleinert

Eine große beschichtete Pfanne bei starker Hitze erhitzen. Das Öl hineingeben und heiß werden lassen. Die Pilze hinzufügen und etwa 1 Minute rühren, bis sie zusammenfallen. Reis und Sojasauce zugeben und etwa 30 Sekunden rühren, bis die Reiskörner sich trennen und von Sauce umhüllt sind. Pilze und Reis mit einem Holzlöffel auf die Seite der Pfanne schieben. Das Ei zugeben und 30 Sekunden durchrühren. Umrühren, um den Reis zu lösen und den Inhalt der Pfanne zu mischen. Speck und Lauchzwiebeln einrühren und noch 30 Sekunden bis 1 Minute rühren, bis alles durchgewärmt ist.

Tipp: Anstatt Speck können Sie auch gekochtes Schweinefleisch, Schinken oder Shrimps nehmen – alles fein zerkleinert. Die Zubereitungsart in diesem Rezept nennt man Pfannenrühren, dessen Geheimnis darin liegt, dass die Pfanne sehr heiß ist, bevor sie beginnen, und dass Sie die Lebensmittel ständig mit einem oder zwei Holzlöffeln bewegen. Verwenden Sie braunen Reis, den Sie von einer anderen Mahlzeit übrig haben, er lässt sich beim Pfannenrühren gut aufwärmen.

Reis mit Curry
Fein und würzig
4 bis 6 Portionen

3 Esslöffel Butter
1 mittelgroße weiße Zwiebel, fein zerkleinert
1 Knoblauchzehe, fein zerkleinert
2 Teelöffel Currypulver
180 g brauner Reis
1 Lorbeerblatt
1/2 l Hühnerbrühe, frisch oder aus der Dose

In einem mittelgroßen Topf bei Mittelhitze 2 Esslöffel Butter zerlassen. Zwiebeln und Knoblauch zugeben. Unter stetem Rühren 2 Minuten garen, bis die Zwiebeln zusammenfallen. Currypulver und Reis einrühren. Lorbeerblatt und Brühe zugeben. Einen Deckel aufsetzen, die Hitze verringern und das Ganze 25 bis 30 Minuten garen, bis der Reis weich ist. Die restliche Butter einrühren. Den Reis auflockern und sofort servieren.

Tipp: Wenn Sie dieses Gericht zu Curry-Lamm servieren, glauben Sie, Sie sind in Indien! Brauner Reis (Naturreis) enthält achteinhalbmal so viel Ballaststoffe wie weißer Reis.

Grüne-Chili-Kürbis-Kasserolle
Einfach Spitze!
6 Portionen

1 großer Butternusskürbis, geviertelt
1 Teelöffel Salz
1 mittelgroße Zwiebel, in feine Ringe geschnitten
120 g eingelegte grüne Chilis, zerkleinert
40 g Krümel von Weizenvollkorn-Crackern
240 g scharfer Cheddar-Käse, gerieben
3 große Eier, verschlagen
1/8 l fettarme Milch
1 Esslöffel Worcestershiresauce
Schwarzer Pfeffer aus der Mühle
Salz

Backofen auf 200 °C (Gas Stufe 3) vorheizen. Wasser in einem großen Topf bei starker Hitze zum Kochen bringen. Kürbis und 1 Teelöffel Salz zugeben und etwa 20 Minuten kochen, bis der Kürbis sich im Inneren weich sticht. Abgießen, den Kürbis schälen und in Stücke von weniger als 6 mm Dicke schneiden. In einer großen Schale Zwiebeln, Chilis, Cracker-Krümel, Käse, Eier, Milch, Worcestershiresauce, Salz und Pfeffer mischen. Den Kürbis unterheben. Die Mischung in eine ofenfeste 3-Liter-Kasserolle geben, zudecken und im Backofen 15 Minuten garen. Den Deckel abnehmen und weitere 10 Minuten backen, bis die Oberfläche goldbraun ist.

Tipp: Der ballaststoffreiche Butternusskürbis enthält 71 Prozent des empfohlenen Tagesbedarfs an Vitamin A und 26 Prozent des Tagesbedarfs an Vitamin C.

Kürbis-Kasserolle
Noch ein Vitaminspender
10 bis 12 Portionen

6 gelbe Sommerkürbisse, gewürfelt
1 große Zwiebel, in Ringe geschnitten
120 g scharfer Cheddar-Käse, gerieben
1 mittelgroße Dose Tomatensauce
1/4 Teelöffel Würzsalz
4 Tabletten Süßstoff, nach Belieben

Backofen auf 180 °C (Gas Stufe 2) vorheizen. Kürbis und Zwiebeln in ein mikrowellengeeignetes Gefäß geben, zudecken und bei voller Stärke etwa 4 Minuten in die Mikrowelle geben, bis der Kürbis sich mit der Gabel weich sticht (oder über köchelndem Wasser dämpfen). Das Gemüse in eine ofenfeste 2-Liter-Kasserolle geben. Käse, Tomatensauce, Würzsalz und eventuell Süßstoff zugeben. Zudecken und 20 Minuten backen.

Tipp: Sie können statt Kürbis auch Zucchini nehmen.

Kürbis mit Käse
Saftig und geschmeidig
6 bis 8 Portionen

2 Esslöffel Olivenöl
6 kleine bis mittelgroße gelbe Sommerkürbisse,
geschält und in 6 mm dicke Scheiben geschnitten
1 mittelgroße Zwiebel, zerkleinert
150 g Schmelzkäse, grob gerieben
Salz
Schwarzer Pfeffer aus der Mühle
Frischer Schnittlauch oder frische Petersilie,
zerkleinert, nach Belieben

Eine große Pfanne bei Mittelhitze erhitzen. Das Öl zugeben
und 30 Sekunden erhitzen. Kürbis und Zwiebeln hinzufügen
und unter gelegentlichem Umrühren 4 bis 5 Minuten garen,
bis der Kürbis knackig weich ist. Den Käse einrühren und
unter stetem Umrühren 1 bis 2 Minuten garen, bis er leicht geschmolzen ist. Die Pfanne von der Kochstelle nehmen. Das
Gericht mit Salz und Pfeffer abschmecken und nach Belieben
mit Schnittlauch oder Petersilie garnieren.

Tipp: Sommerkürbisse lassen sich dank ihrer sehr dicken Schale einige Tage lagern. Entfernen Sie vor der Zubereitung sorgfältig die
Kerne und Fasern im Inneren der Frucht.

Kreolischer Spinat
Her mit dem Vitamin A!
6 bis 8 Portionen

2 300-g-Packungen TK-Blattspinat, zerkleinert
90 g Butter
1 mittelgroße Zwiebel, zerkleinert
2 Knoblauchzehen, zerkleinert
Salz
Schwarzer Pfeffer aus der Mühle
3 Esslöffel Weizenvollkorn-Mehl
200 ml fettarme Milch
240 g Schmelzkäse, grob gerieben

Backofen auf 170 °C (Gas Stufe 1–2) vorheizen. Den Spinat
nach den Anweisungen auf der Packung zubereiten, abgießen
und überschüssiges Wasser herausdrücken. Die Butter in einer
mittelgroßen Pfanne bei Mittelhitze zerlassen. Zwiebeln, Knoblauch, Salz und Pfeffer zugeben. Unter stetem Rühren etwa
2 Minuten garen, bis die Zwiebeln etwas weich werden, dann
den Spinat hinzufügen. In einer kleinen Schüssel Mehl und
Milch verrühren. In die Pfanne hinzugeben. Den Käse einrühren. Das Ganze in eine ofenfeste 1-Liter-Kasserolle füllen und
etwa 25 Minuten backen, bis die Oberfläche leicht gebräunt
ist.

Tipp: Spinat ist reich an Vitamin A, Folsäure, Eisen und Magnesium.

Spinatgefüllte Tomaten
Ein Festtagsgericht
8 Portionen

3 300-g-Packungen TK- Blattspinat
8 große Tomaten
250 g sehr reifer Brie-Käse, ohne Rinde, zerkleinert
1 Teelöffel Zwiebelpulver
3/4 Teelöffel Knoblauchpulver
1/8 Teelöffel Salz
1/4 Teelöffel schwarzer Pfeffer aus der Mühle
8 Butterflöckchen

Backofen auf 180 °C (Gas Stufe 2) vorheizen. Den Spinat nach den Angaben auf der Packung zubereiten. Von jeder To-mate eine Kappe von etwa 1/2 cm abschneiden. Mit einem Löffel das Innere sorgfältig herausnehmen, aber darauf ach-ten, dass das Fleisch an der Haut weitgehend unversehrt bleibt. Überschüssiges Wasser aus dem Spinat drücken und ihn in eine große Schüssel geben. Den Käse einrühren. Zwie-belpulver, Knoblauchpulver, Salz und Pfeffer zugeben und alles gründlich mischen. Die Mischung in die ausgehöhlten Tomaten verteilen. Auf jede ein Flöckchen Butter setzen. Die gefüllten Tomaten in eine Auflaufform setzen und so viel Wasser zugießen, dass der Boden der Form bedeckt ist. Die Tomaten etwa 10 Minuten backen.

Tipp: Auch auf diese Art können Sie einen würzigen, nährstoffrei-chen Spinat servieren, hier kombiniert mit scharfem Käse und Ge-würzen und in Tomaten gefüllt.

Sautierter Spinat
Für Feinschmecker
3 bis 4 Portionen

2 Streifen Speck
2 Esslöffel Olivenöl
100 g frische weiße Champignons,
in Scheiben geschnitten,
oder geschnittene Pilze aus der Dose,
abgespült und abgetrocknet
300 g frischer Blattspinat,
abgespült, getrocknet und zerpflückt
2 Lauchzwiebeln, zerkleinert,
einschließlich der verwertbaren grünen Teile
Salz
Schwarzer Pfeffer aus der Mühle

Den Speck in einer großen Pfanne bei Mittelhitze 6 bis 8 Minuten braten, bis er knusprig ist. Herausnehmen und auf Küchenpapier abtropfen lassen. Das zerlassene Fett in der Pfanne lassen und das Öl hinzufügen. Die Pilze zugeben und bei Mittelhitze etwa 3 Minuten garen, bis sie weich sind. Spinat und Lauchzwiebeln zugeben. Die Hitze verringern und das Ganze unter stetem Rühren 3 bis 4 Minuten garen, bis das Gemüse zusammengefallen ist. Mit Salz und Pfeffer abschmecken. Den Speck in den Spinat krümeln und noch warm servieren.

Tipp: Lassen Sie Blattspinat beim Waschen nie zu lange im Wasser liegen, er verliert sonst zu viele seiner wertvollen Nährstoffe.

Würziger Spinat
Meerrettich gibt das gewisse Etwas
4 bis 6 Portionen

2 300-g-Packungen TK-Blattspinat
60 ml fettarme Milch
2 Esslöffel Butter
2 Esslöffel Meerrettich aus dem Glas
1/2 Teelöffel Salz

Den Spinat nach den Angaben auf der Packung zubereiten, abgießen und das überschüssige Wasser herausdrücken. Milch, Butter, Meerrettich und Salz in eine kleine Pfanne geben und unter häufigem Umrühren bei Mittelhitze etwa 4 Minuten garen, bis die Butter geschmolzen und die Mischung leicht cremig ist. Den Spinat einrühren und noch eine Minute garen, bis alles warm und gut vermischt ist.

Tipp: Der nährstoffreiche Spinat, von dem eine Portion das meiste des Tagesbedarfs an Vitamin A liefert, übersteht das Einfrieren erstaunlich gut. Wenn er zubereitet ist, besteht kaum ein Unterschied in Geschmack und Struktur zu frischem Spinat.

Gegrillte Tomaten
Würzige Happen
4 Portionen

12 Kirschtomaten, halbiert
1/2 Esslöffel Olivenöl
2 Knoblauchzehen, zerkleinert
2 Esslöffel Parmesan-Käse, gerieben
1 Teelöffel getrockneter Thymian
1/4 Teelöffel Salz

Grill vorheizen. Die Tomaten in einer Schüssel in Öl schwenken und dann mit der Schnittfläche nach oben auf ein Grillblech legen. In einer kleinen Schüssel Knoblauch, Käse, Thymian und Salz mischen. Die Tomaten mit dieser Mischung bestreuen. Tomaten etwa 10 cm von der Hitzequelle entfernt platzieren und 1 bis 1 1/2 Minuten grillen, bis die Tomaten leicht gebräunt sind und eine Kruste haben.

Tipp: Sonnengereifte Tomaten haben einen hohen Vitamin-C-Gehalt. Achten Sie bei diesem Rezept darauf, dass die Tomaten nicht viel länger als 1 1/2 Minuten unter dem Grill bleiben, sonst werden sie breiig.

Gebratene grüne Tomaten
So schmecken grüne Tomaten gut
4 Portionen

4 Esslöffel Weizenvollkorn-Mehl
2 gehäufte Esslöffel Parmesan-Käse, gerieben
1/4 Teelöffel Cayennepfeffer
1/4 Teelöffel schwarzer Pfeffer aus der Mühle
1/8 Teelöffel Salz
1/8 l Buttermilch
1/4 l Raps- oder Olivenöl
4 mittelgroße grüne Tomaten, in Scheiben geschnitten

Mehl, Käse, Cayennepfeffer, schwarzen Pfeffer und Salz auf
einem Teller mischen. Die Buttermilch in eine große, flache
Schüssel gießen. Das Öl bei Mittelhitze in einer großen, schwe-
ren Pfanne erhitzen. Die Tomatenscheiben in die Buttermilch-
Käse-Mischung tunken und in Mehl wenden. Überschüssiges
Mehl abschütteln. In Partien etwa 1 bis 2 Minuten auf jeder
Seite im Öl frittieren, bis sie knusprig und goldbraun sind.

Tipp: Grüne Tomaten, also Tomaten, die noch nicht reif sind, gibt
es im Sommer und Herbst zu kaufen. Sie sind sehr fest, daher be-
halten sie beim Braten ihre Konsistenz. Sie schmecken nicht so süß-
lich wie reife rote Tomaten.

Marinierte Gemüse
Eine gesunde Wahl
4 bis 6 Portionen

Das nachfolgende Gemüse können Sie beliebig kombinieren, die Menge des Dressings (siehe unten) reicht für 2 Hand voll des zerkleinerten Gemüses:

Blumenkohl, in Röschen zerteilt
Brokkoli, in Röschen zerteilt
Staudensellerie, in feine Scheiben geschnitten
Paprika jeder Farbe, entkernt
und in dünne Streifen geschnitten
Gelber Sommerkürbis oder Zucchini, in Scheiben geschnitten
Gurke, in Scheiben geschnitten
Weiße Champignons, in Scheiben geschnitten
Reife Tomaten, geachtelt, oder Kirschtomaten, halbiert

1/4 l italienisches Salatdressing

Gemüse, außer Tomaten, in einen Gefrierbeutel geben. Das Dressing hinzufügen, die Luft aus dem Beutel herausdrücken, ihn fest verschließen und das Ganze im Kühlschrank wenigstens 12 Stunden marinieren lassen. Dabei wenigstens einmal wenden. (Wenn Sie Tomaten verwenden wollen, in den Beutel dazugeben und eine Stunde marinieren.) Vor dem Servieren die Marinade abgießen und das Gemüse etwas abtropfen lassen.

Tipp: Da das Gemüse roh serviert wird, sollten Sie nur besonders zarte, junge Gemüse verwenden, die ohne Druckstellen sind. Die Gemüse müssen gründlich abgespült und geputzt werden.

Sautierte Gemüse
Gesunde Happen für die schlanke Linie
4 Portionen

2 Hand voll zerkleinertes Gemüse, wobei Sie nachfolgende Sorten beliebig kombinieren können:

Brokkoli, in Röschen zerteilt
Weiß- oder Rotkohl, in feine Streifen geschnitten
Blumenkohl, in Röschen zerteilt
Aubergine, geschält und gewürfelt
Zwiebel jeder Farbe, in Ringe geschnitten
Weiße Champignons, Austern- oder Shiitake-Pilze,
in Scheiben geschnitten
Paprika jeder Farbe, entkernt
und in dünne Streifen geschnitten
Gelber Sommerkürbis oder Zucchini,
in Würfeln oder Scheiben geschnitten
Reife Tomaten, geachtelt

1/8 l Oliven- oder Rapsöl
3 Knoblauchzehen, zerkleinert, nach Belieben
Knoblauchsalz oder Salz
1/2 Bund glatte Petersilie, zerkleinert
1 oder 2 Teelöffel Balsamico-Essig
1/2 Zitrone, nach Belieben

Öl in einer großen Pfanne bei Mittelhitze erhitzen. Die gewählten Gemüse zugeben und eventuell Knoblauch zugeben. Mit Knoblauchsalz oder Salz würzen. Unter stetem Rühren 5 bis 8 Minuten garen, bis die Gemüse zusammenfallen, weich oder glasig sind. Petersilie und Essig einrühren. Weitere 1 bis 2 Minuten garen und rühren. Eventuell vor dem Servieren Zitronensaft über die Gemüse träufeln.

Tipp: Dies ist das Lieblings-Gemüsegericht der Autoren. Es geht schnell und einfach, und das Ergebnis ist immer würzig und nährstoffreich, auch wenn es nicht immer ganz gleich ist.

Schnelle Zucchini
Supereinfach
4 Portionen

1 Esslöffel Butter
1 mittelgroße Zwiebel, in Ringe geschnitten
2 Zucchini, in dünne Scheiben geschnitten
1 Esslöffel Wasser
1/2 Teelöffel Salz
1/4 Teelöffel schwarzer Pfeffer aus der Mühle
2 Esslöffel Parmesan-Käse, gerieben

Eine mittelgroße Pfanne bei Mittelhitze erhitzen. Die Butter zugeben und schmelzen lassen. Zwiebeln hineingeben und 2 bis 3 Minuten anbraten, bis sie glasig sind. Die Zucchini und das Wasser hinzufügen. Die Hitze verringern und das Gemüse etwa 4 Minuten garen, bis es knackig ist. Mit Salz und Pfeffer abschmecken und mit Parmesan-Käse bestreuen.

Tipp: Falls Sie noch immer Kalorien zählen, eine Portion – etwa 60 g – gekochte Zucchini hat weniger als 15 Kalorien.

Garnierte Zucchini
Italienisch gewürzt
8 Portionen

60 g Butter
1 mittelgroße Zwiebel, in Ringe geschnitten
1 kleine grüne Paprika, zerkleinert
1 Knoblauchzehe, zerkleinert
1/2 Teelöffel getrockneter Oregano
4 Zucchini, in dünnen Scheiben
1 mittelgroße Dose Tomatensuppe
Salz
Schwarzer Pfeffer aus der Mühle
1–2 Esslöffel Parmesan-Käse, gerieben

Die Butter in einer großen Pfanne bei Mittelhitze zerlassen. Zwiebeln, Paprika, Knoblauch und Oregano zugeben. Die Zwiebeln 2 bis 3 Minuten anbraten, bis sie glasig sind. Zucchini und Suppe einrühren. Die Hitze verringern und das Ganze unter stetem Umrühren 4 bis 5 Minuten garen, bis die Zucchini knackig weich sind und die Suppe etwas eingekocht ist. Mit Salz und Pfeffer würzen. Vor dem Servieren mit Parmesan-Käse bestreuen.

Tipp: Frische Zucchini gibt es das ganze Jahr, so können Sie dieses Gericht genießen, wann immer Sie wollen. Wählen Sie helle junge Zucchini, die keine Flecken haben und sich fest anfühlen.

8

Häppchen und Vorspeisen

Zu Hause und in vielen Restaurants sind Häppchen und Vorspeisen der würzigste Teil der ganzen Mahlzeit. Während sie einen sehr leckeren Beginn darstellen, übertönen sie oft die dezenteren Aromen der Entrées und Beilagen. Denken Sie daran, wenn Sie Ihr Menü zusammenstellen, damit Sie nicht von Ihrem Hauptgang geschmacklich enttäuscht sind.

Ein Tipp, wenn Sie in einem Restaurant essen, das eine besonders interessante Auswahl an Vorspeisen hat: Bestellen Sie sich zwei oder drei Vorspeisen, unterbrochen von einem guten grünen Salat, um Ihre Geschmacksknospen zu neutralisieren. Sie können sich das Gleiche auch selbst zu Hause gönnen oder sogar Ihre Gäste damit überraschen. Servieren Sie dann die Vorspeisen in aufsteigender Reihenfolge (von weniger würzig zu würziger beziehungsweise schärfer), damit auch die letzte Ihren Geschmacksknospen noch würzig erscheint.

Rezepte für Häppchen und Vorspeisen

Überblick

Bloody-Mary-Konzentrat
Sehr praktisch, wenn man es zur Hand hat
Ergibt ca. 210 ml

80 ml frischer Zitronensaft
80 ml Worcestershiresauce
2 Teelöffel Meerrettich aus dem Glas
2 Teelöffel Tabasco
oder eine andere scharfe Sauce, nach Belieben
2 Teelöffel Selleriesalz
1 Teelöffel schwarzer Pfeffer aus der Mühle

Zitronensaft, Worcestershiresauce, Meerrettich und eventuell Tabasco in einem Gefäß mischen. Selleriesalz und Pfeffer zugeben und alles gut verrühren. Tomatensaft und Wodka mischen und in ein Glas mit Eis (nach Belieben) gießen. 1 bis 3 Esslöffel des Konzentrats einrühren, je nachdem, wie würzig die Bloody Mary sein soll. Ein Stückchen Staudensellerie oder eine eingelegte grüne Bohne zugeben.

Tipp: Das Konzentrat hält sich in einem luftdicht verschlossenen Gefäß im Kühlschrank über Monate.

Ceviche
Fast wie in Mexiko
10 Portionen als Vorspeise oder 6 Portionen als Salat

500 g frische Fischfilets
(nicht ölige Sorten wie Roter Schnapper oder Scholle),
in kleine Würfel geschnitten
1/4 l Zitronensaft
1 große Zwiebel, fein gewürfelt
1 Jalapeño-Pfefferschote,
entkernt und fein zerkleinert
1 Teelöffel getrockneter Oregano
Salz
Schwarzer Pfeffer aus der Mühle
6 Esslöffel Olivenöl
2 mittelgroße Tomaten, zerkleinert

Den Fisch in eine Glas- oder Keramikschüssel geben und den Zitronensaft zugießen. Der Fisch sollte vollständig bedeckt sein. Abdecken und eine Stunde bei Zimmertemperatur ziehen lassen. Abgießen und den Fisch mit kaltem Wasser abspülen. In einer Servierschüssel Fisch, Zwiebeln, Jalapeño-Schote, Oregano, Salz und Pfeffer mischen. Zudecken und im Kühlschrank kühlen. Als Salat oder Vorspeise auf Weizenvollkorn-Crackern oder Endiviensalat servieren.

Tipp: Die Qualität von Ceviche hängt von der Frische des Fisches ab. Einer der Autoren nimmt die Mischung und die Cracker mit auf sein Boot und macht Ceviche, nachdem er den ersten Fisch gefangen hat! Welch ein großartiger Snack auf einem Angelausflug!

Dip mit Käse
Schmeckt immer
Ergibt etwa 5/8 Liter

450 g Schmelzkäse
1/8 l Sauce picante
oder eine andere scharfe Sauce
1/4 Teelöffel Tabasco
oder eine andere scharfe Sauce
2 ganze Jalapeño-Schoten,
aufgeschlitzt und entkernt

Den Käse in eine mikrowellengeeignete 1-Liter-Schüssel geben und bei voller Stärke in der Mikrowelle in etwa 5 Minuten zum Schmelzen bringen. Nach der Hälfte der Zeit umrühren. Sauce picante und Tabasco einrühren. Mit den Jalapeño-Schoten garnieren.

Tipp: Mit frischem Gemüse oder Vollkorn-Chips zum Dippen servieren.

Krabben-Dip
Ideal für Gäste
10 bis 12 Portionen

250 g Philadelphia Light
oder ein anderer leichter Frischkäse
1 mittelgroße Dose Pilzcremesuppe
150 g Naturjogurt ohne Zuckerzusatz
2 Esslöffel Mayonnaise
8 kleine Lauchzwiebeln,
zerkleinert
2 große Staudensellerie,
fein zerkleinert
150 g Krebsfleisch, frisch,
ohne Knorpel und Schalen
Scharfe Sauce, nach Belieben

In einer Schüssel Frischkäse und Suppe zu einer glatten Masse
verrühren. Jogurt, Mayonnaise, Lauchzwiebeln, Sellerie, Krebsfleisch und eventuell scharfe Sauce einrühren. Zudecken und
2 Stunden im Kühlschrank oder 20 Minuten im Gefriergerät
kühlen.

Tipp: Mit Vollkorn-Crackern servieren.

Curry-Dip zu Gemüse
Für vielerlei Gemüse geeignet
Ergibt knapp 1/2 Liter

1/4 l fettreduzierter Sauerrahm
1/8 l Mayonnaise
1 Esslöffel frischer Zitronensaft
1/2 Bund Petersilie, fein zerkleinert
1 mittelgroße weiße Zwiebel, gerieben
1 Esslöffel Schnittlauch, zerkleinert
2 Esslöffel mittelscharfer Senf
1 Teelöffel Currypulver
1/2 Teelöffel Paprikapulver
1/2 Teelöffel getrockneter Estragon
Salz
Schwarzer Pfeffer aus der Mühle
Einige Spritzer Tabasco
oder eine andere scharfe Sauce

Sauerrahm, Mayonnaise und Zitronensaft in einer Schüssel mischen. Petersilie, Zwiebeln, Schnittlauch, Senf, Currypulver, Paprika, Estragon, Salz und Pfeffer einrühren. Nach Belieben scharfe Sauce zugeben und wenigstens eine Stunde im Kühlschrank oder 15 Minuten im Gefriergerät kühlen.

Tipp: Zu frischen Gemüsen als Dip servieren.

Teufelseier
Reicht für ein vollständiges Essen
Ergibt 12 Teufelseier

6 hart gekochte Eier
2 Esslöffel Mayonnaise
1 Teelöffel Essig
1/2 Teelöffel Senf
1/4 Teelöffel Salz
1/4 Teelöffel Paprikapulver
1/8 Teelöffel schwarzer Pfeffer aus der Mühle

Die Eier der Länge nach halbieren. Eigelb entnehmen, Eiweiß beiseite stellen. Eigelbe in eine Schüssel geben und mit Mayonnaise, Essig, Senf, Salz, Paprikapulver und Pfeffer verrühren. Die Mischung in die Höhlung der Eiweiße verteilen. Zudecken und in den Kühlschrank geben, bis sie gut gekühlt sind.

Tipp: Die Eier passen gut zu Salat oder als Vorspeise. Sie halten sich gut und können daher für eine Party im Voraus zubereitet werden. Fest eingepackt, können die Eier im Kühlschrank bis zu 24 Stunden aufbewahrt werden.

Austern Ramakis
Meeresfrüchte vom Feinsten
Ergibt 24 Häppchen

12 Scheiben durchwachsener Speck
oder Frühstücksbacon, halbiert
24 frische Austern, ohne Schale
1/2 Bund Petersilie, fein zerkleinert
1/2 Teelöffel Salz
Cayennepfeffer
Schwarzer Pfeffer aus der Mühle

Grill vorheizen. Auf jeden Speckstreifen eine Auster legen und
etwas Petersilie geben. Mit Salz, Cayennepfeffer und schwar-
zem Pfeffer würzen. Die Speckstreifen um die Austern wickeln.
Die Röllchen auf ein Grillblech legen, etwa 10 cm von der Hitzequelle entfernt platzieren und 7 bis 8 Minuten grillen, bis sie
gut gebräunt sind. Vorsichtig wenden und 3 bis 4 Minuten grillen, bis der Speck sehr knusprig ist.

Tipp: Die Austern eignen sich auch als Gang eines Menüs. Als Vorspeise in jedes Röllchen einen Zahnstocher stecken, damit sie leichter zu essen sind.

Austern Tony
Einfach edel
10 Portionen

110 g Butter
8 Lauchzwiebeln,
geputzt und in kurze Stücke geschnitten
220 g kleine weiße Champignons,
die Strünke abgeschnitten und halbiert
1/2 Teelöffel Knoblauchsalz
plus zusätzliches zum Abschmecken
3 Dutzend frische Austern, ohne Schale
1/8 l trockener Wermut
Tabasco oder eine andere scharfe Sauce

Die Butter in einer großen Pfanne bei Mittelhitze zerlassen.
Lauchzwiebeln und Pilze hineingeben. Mit Knoblauchsalz bestreuen und etwa 3 Minuten unter Umrühren garen, bis die Gemüse beginnen, weich zu werden. Austern zugeben und weitere 3 Minuten garen, bis sie sich an den Rändern aufrollen.
Den Wermut zugießen und 1 bis 2 Minuten kochen, bis sich
Sauce bildet. Austern, Zwiebeln und Pilze auf Finn Crisps oder
ähnliche Cracker geben. Jeden Cracker mit etwas Tabasco beträufeln und eventuell mit Knoblauchsalz bestreuen.

Tipp: Dieses Gericht kann auch als Hauptgericht für 4 Personen
dienen. In einer Schüssel servieren und mit Gabel und Löffel essen.
Ohne Cracker servieren, aber Tabasco beziehungsweise andere
scharfe Sauce nicht vergessen! Der Saft, der in der Pfanne zurück-
bleibt, gibt eine Austernsuppe von Spitzenqualität.

Pseudo-Austern
Für Austernhasser
10 Portionen

110 g Butter
8 Lauchzwiebeln,
fein zerkleinert
220 g kleine weiße Champignons,
zerkleinert
60 g Knoblauchkäse (wie Boursin)
1 mittelgroße Dose Pilzcremesuppe
300 g TK-Brokkoli, aufgetaut
1/2 Teelöffel Salz
1/4 Teelöffel schwarzer Pfeffer aus der Mühle

Die Butter in einer mittelgroßen Pfanne bei Mittelhitze zerlassen. Grüne Zwiebeln und Pilze zugeben und 2 bis 3 Minuten anbraten, bis die Zwiebeln glasig sind. Käse, Suppe, Brokkoli, Salz und Pfeffer zugeben. Gut verrühren und noch 1 bis 2 Minuten garen, um alles durchzuwärmen.

Tipp: Mit Weizenvollkorn-Crackern oder Vollkorn-Chips servieren. Sie könnten auch eine zweite Packung Brokkoli zugeben und das Ganze als Beilage für 6 bis 8 Personen servieren.

Würzige Austern
Als Vorspeise ein Hit
10 bis 12 Portionen

60 g Butter
1 l Austern,
ohne Schale, im eigenen Saft
2 Scheiben Speck,
knusprig gebraten und zerkrümelt
2 Knoblauchzehen, zerdrückt
1 Esslöffel Worcestershiresauce
1 Teelöffel Tabasco
oder eine andere scharfe Sauce
1/2 Teelöffel Selleriesalz
Würzsalz

Butter, Austern, Speck, Knoblauch. Worcestershiresauce, Tabasco und Selleriesalz in eine große Pfanne geben und bei Mittelhitze 3 bis 4 Minuten köcheln lassen, bis fast die ganze Flüssigkeit aufgesogen ist. Mit Würzsalz abschmecken.

Tipp: Auf einem Rechaud mit Zahnstochern servieren.

Kirschtomaten und Prosciutto
Tomaten und Schinken – eine leckere Kombination
Ergibt 24 Häppchen

2 Esslöffel Parmesan-Käse,
gerieben
2–3 Stängel glatte Petersilie,
zerkleinert
Salz
1/4 Zitrone
1 Dutzend reife Kirschtomaten,
halbiert
4 bis 5 dünne Scheiben Prosciutto (roher Schinken),
in schmale Streifen (2,5 x 7,5 cm) geschnitten

In einer Schüssel Käse, Petersilie und Salz mischen. 2 bis 3 Tropfen Zitronensaft auf jede Tomatenhälfte träufeln und 1/4 Teelöffel der Käsemischung darauf geben. Jede Tomatenhälfte in einen Schinkenstreifen wickeln. Mit Zahnstochern befestigen.

Tipp: Als Geschmacksvariante können Sie Basilikum anstatt Petersilie verwenden.

Thunfisch-Käse-Brotaufstrich
Gesunder Genuss für Ihre Gäste
12 Portionen

100 g fettreduzierter Frischkäse
80 ml Sauerrahm
1 Dose (ca. 200 g) Thunfisch in Wasser,
abgegossen
2 Lauchzwiebeln (nur das Weiße),
zerkleinert
2 kleine Stangen Staudensellerie,
zerkleinert
2 Esslöffel reife Oliven,
zerkleinert
60 g Pekannüsse,
zerkleinert
Salz
Schwarzer Pfeffer aus der Mühle

In einer Schüssel Frischkäse und Sauerrahm mit einer Gabel
verrühren, bis sie eine glatte Masse ergeben. Thunfisch, Lauchzwiebeln, Sellerie und Oliven unterrühren. Die Pekannüsse
unterheben. Mit Salz und Pfeffer abschmecken. Aus der Mischung einen Ball oder eine Form Ihrer Wahl formen. Zudecken und im Kühlschrank 2 Stunden oder im Gefriergerät 12
bis 15 Minuten kühlen.

Tipp: Auf einem großen Salatblatt oder Salatblättern servieren und
dazu Weizenvollkorn-Cracker reichen. So bekommen Ihre Gäste eine
schöne Portion Omega-3-Fettsäuren.

9

Salat-Dressings,
Saucen und Brühen (Fonds)

Fast jede Art von Salat kann eine Gaumenfreude sein, wenn er mit einem leckeren Dressing zubereitet ist. Wir bieten Ihnen eine Auswahl an Dressings an, damit Sie Salate genießen können, während Sie von den Ballaststoffen dieser gering glykämischen Kohlenhydrate profitieren.

Wenn Sie viele Blattsalate essen und das oft zusammen mit rohem Blumenkohl, Brokkoli, Tomaten, Gurken, Kürbis, Zwiebeln und Ähnlichem, nehmen Sie nicht nur Ballaststoffe zu sich, sondern auch eine Menge der Antioxidantien Vitamin A, C und E in natürlicher Form.

Der Geschmack eines einfachen Fleischstücks oder eines gedämpften Gemüses kann wesentlich verbessert werden, wenn eine warme, köstliche Sauce dazu gereicht oder mitgegart wird. Viele Saucen sind reich an gesättigten Fetten, doch man kann die Rezepte oft so abändern, dass der gute Geschmack erhalten bleibt, aber die Menge der gesättigten Fette verringert wird.

Wie sehr eine Rinder-, Hühner-, Fisch- oder Gemüsebrühe den Geschmack verbessern kann, lässt sich gar nicht genug betonen. Wenn Sie eine oder verschiedene Fonds bereit halten, werden Sie merken, dass Sie immer öfter mit Erfolg bei gedämpftem Brokkoli, Blumenkohl, Kürbis oder Ähnlichem das Wasser durch Brühe ersetzen. Selbst zubereitete Brühen können auch als Kochwasser für grüne Gemüse oder Erbsen verwendet werden.

Rezepte für Salat-Dressings, Saucen und Brühen

Überblick

Dressing zu Caesar's Salat
Pikant-würzig
Ergibt etwa 160 Milliliter

1/8 l Mayonnaise
2 Esslöffel frisch gepresster Zitronensaft
1 Teelöffel Sardellenpaste
1 Teelöffel Dijon-Senf
1/2 Teelöffel schwarzer Pfeffer aus der Mühle
2 Knoblauchzehen, geschält

Mayonnaise, Zitronensaft, Sardellenpaste, Senf und Pfeffer in einer kleinen Schüssel verrühren. Knoblauch durch die Presse hineingeben und das Ganze verquirlen, bis eine glatte Sauce entsteht.

Tipp: Wenn Sie zufälligerweise einige Anchovis zur Hand haben, können Sie damit ein noch würzigeres Dressing zubereiten. Ersetzen Sie die Sardellenpaste durch 4 zerkleinerte Anchovisfilets.

Dressing mit Blauschimmelkäse
Das Geheimnis: frischer Blauschimmelkäse
Ergibt etwa 5/8 Liter

1/8 l natives Olivenöl extra
3 Esslöffel Weißweinessig
1/2 Teelöffel Knoblauchpulver
1/2 Teelöffel Zwiebelpulver
1/2 Teelöffel getrockneter Estragon
1/2 Teelöffel getrockneter Kerbel
1/2 Teelöffel italienisches Gewürz
1/2 Teelöffel grob gemahlener schwarzer Pfeffer
100 g frischer Blauschimmelkäse, zerkrümelt

Öl, Essig, Knoblauchpulver, Zwiebelpulver, Estragon, Kerbel, italienisches Gewürz und Pfeffer in ein Gefäß geben. Verschließen und zum Mischen kräftig schütteln. Unmittelbar vor dem Servieren den Blauschimmelkäse zugeben, das Gefäß wieder verschließen und ein- oder zweimal schütteln. Über den Salat gießen und sofort servieren.

Tipp: Dieses Dressing ist der Schlüssel zu unserem gemischten Blattsalat mit Trauben (s. S. 260).

Schnelles French-Dressing
Rascher geht's nicht!
Ergibt etwa 5/8 Liter

160 ml Rapsöl
80 ml Apfelessig
1 Teelöffel Salz
1/2 Teelöffel Paprikapulver
1/4 Teelöffel schwarzer Pfeffer aus der Mühle
2 Tabletten Süßstoff, Menge nach Belieben

Öl, Essig, Salz, Paprika, Pfeffer und Süßstoff in ein Gefäß geben. Das Gefäß verschließen und kräftig schütteln (vor jeder Verwendung).

Tipp: Dieses Dressing passt sehr gut zur »Einfachen Avocado« (s. S. 153). Damit das Dressing cremiger wird, 1 Minute im Mixer oder mit dem Rührstab mischen.

Dressing mit Senf
Essig und Öl mit etwas Würze!
Ergibt etwa 5/8 Liter

1 gehäufter Esslöffel Dijon-Senf
60 ml Rotweinessig
1/4 l natives Olivenöl extra
1 kleine grüne Paprika,
fein zerkleinert, Menge nach Belieben

Den Senf und Essig in einer kleinen Schüssel mischen. Das Öl
einrühren und nach Belieben Paprika hinzufügen.

Tipp: Versuchen Sie dieses Dressing zu »Schnellem Spargel« (s. S. 152)
anstatt French Dressing.

Ranch-Dressing
Leicht und frisch
Ergibt 1/4 Liter

1/4 l Buttermilch
2 Teelöffel Olivenöl
2 Esslöffel frisch gepresster Zitronensaft
4 Tropfen Hot Sauce
oder eine andere scharfe Sauce
2 Esslöffel frisches Korianderkraut,
zerkleinert
1 Teelöffel Chilipulver
1/8 Teelöffel weißer Pfeffer aus der Mühle
1 Prise Salz

In einer kleinen Schüssel Buttermilch, Öl, Zitronensaft, scharfe Sauce, Koriander, Chilipulver, weißen Pfeffer und Salz verschlagen.

Tipp: Dieses würzige Dressing passt gut zu allen Blattsalaten.

Roquefort-Dressing
Mit viel Geschmack
Ergibt etwa 1/2 Liter

2 Esslöffel Roquefort-Käse
1/4 l Mayonnaise
Saft von 1/2 Zitrone
1 Esslöffel Worcestershiresauce
1 Teelöffel Meerrettich aus dem Glas
1 Teelöffel Knoblauchsalz
1 Prise Cayennepfeffer

Den Käse in eine kleine Schüssel geben und mit einer Gabel cremig rühren. Die Mayonnaise unterrühren. Zitronensaft, Worcestershiresauce, Meerrettich, Knoblauchsalz und Cayennepfeffer zugeben und alles gründlich mischen.

Tipp: Schmeckt mit Zimmertemperatur oder gekühlt.

Vinaigrette mit Balsamico
Kommt immer an!
Ergibt 160 Milliliter

1/8 l Olivenöl
3 1/2 Teelöffel Balsamico-Essig
1 Esslöffel Wasser
1 kleine Lauchzwiebel,
nur das Weiße, zerkleinert
1–2 Tabletten Süßstoff
1 Prise Kreuzkümmel
(oder nach Belieben mehr)
Salz
Schwarzer Pfeffer aus der Mühle

Öl, Essig, Wasser, Lauchzwiebeln, Süßstoff, Kreuzkümmel, Salz und Pfeffer in ein Gefäß geben und dieses gut verschließen. Kräftig schütteln (vor jeder Verwendung). Gekühlt servieren.

Tipp: Wenn Sie das Dressing zu Spinatsalat verwenden, nehmen Sie als Garnierung geröstete, zerkleinerte Walnüsse und zerkrümelten Blauschimmelkäse.

Vinaigrette mit Apfelessig
Passt gut zu Spinatsalat!
Ergibt knapp 1/8 Liter

6 Esslöffel Olivenöl
Saft von 1/2 Zitrone
1 Esslöffel Apfelessig
1 Knoblauchzehe, zerdrückt
1/4 Teelöffel Würzsalz
1/8 Teelöffel schwarzer Pfeffer aus der Mühle

In einer kleinen Schüssel Öl, Zitronensaft, Essig, Knoblauch, Würzsalz und Pfeffer verschlagen.

Tipp: Diese Vinaigrette passt fast zu allen Blattsalaten.

Sauce Béarnaise
Ein Klassiker
Ergibt etwa 1/2 Liter

450 g Butter, 1/8 l trockener Weißwein
1 Teelöffel getrockneter Estragon
4 Eigelbe
2 Teelöffel frisch gepresster Zitronensaft
3/4 Teelöffel Tabasco
oder eine andere scharfe Sauce
3/4 Teelöffel Worcestershiresauce

Die Butter bei niedriger Hitze in einem 1-Liter-Topf zerlassen. Die Hitze auf Mittelhitze steigern und die Butter zum Kochen bringen. Von der Kochstelle nehmen und Fett abschöpfen, dann bei niedrigster Hitze zum Warmhalten wieder auf die Kochstelle geben. Wein und Estragon in einer kleinen Pfanne mischen. Bei starker Hitze garen, bis die Flüssigkeit auf eine Menge von etwa 2 Esslöffeln eingekocht ist. Im leicht siedenden Wasserbad (das Wasser darf den oberen Teil – Schüssel oder Topf – nicht berühren) eingekochten Weinfond, Eigelbe, Zitronensaft, Tabasco und Worcestershiresauce verquirlen. Das Wasser im unteren Teil zum Köcheln bringen, aber darauf achten, dass es nicht so sehr sprudelt, dass es den Boden des oberen Teils berührt. Unter stetem Quirlen etwa 5 Minuten köcheln lassen, bis die Sauce einzudicken beginnt. Unter Weiterquirlen die Butter hineinträufeln und weiterquirlen, bis die Mischung dick und cremig ist.

Tipp: Diese Sauce enthält reichlich Butter. Zum Glück gibt schon eine kleine Menge Sauce Béarnaise »Pochiertem Lachs« (s. S. 135) oder dem »Texas-Steak« (s. S. 140) einen hervorragenden Geschmack.

Sauce Hollandaise
Noch ein Klassiker
Ergibt gut 1/2 Liter

225 g Butter
4 Eigelbe
2 Esslöffel frisch gepresster Zitronensaft
1/4 Teelöffel Salz
1/8 Teelöffel weißer Pfeffer aus der Mühle

Etwa 2,5 cm hoch Wasser in den unteren Teil eines Wasserbades geben und zum Köcheln bringen. Die Butter in einen 1-Liter-Topf bei Mittelhitze etwa 1 Minute erhitzen, bis sie fast Blasen wirft. Von der Kochstelle nehmen und das Fett abschöpfen, bei niedrigster Hitze zum Warmhalten zurück auf die Kochstelle geben. Bei Mittelhitze im oberen Teil des Wasserbades Eigelbe, Zitronensaft, Salz und Pfeffer etwa 3 Minuten lang verquirlen, bis die Sauce einzudicken beginnt. Dabei darauf achten, dass das Wasser nicht so sehr sprudelt, dass es den Boden des oberen Teils berührt. Unter Weiterquirlen die Butter hineinträufeln und weiterquirlen, bis die Sauce glatt und cremig ist.

Tipp: Sauce Hollandaise möglichst immer warm aus dem Topf servieren. So schmeckt sie am besten. Hollandaise passt besonders gut zu Eiern, Spargel und Brokkoli.

Sauce Hollandaise im Mixer
Der schnelle Weg
Ergibt etwa 1/4 Liter

110 g Butter
4 Eigelbe
2 Esslöffel frisch gepresster Zitronensaft
1/2 Teelöffel Salz
1 Prise Cayennepfeffer

Die Butter bei Mittelhitze in einem kleinen Topf erhitzen, bis sie beginnt, Blasen zu werfen. Eigelbe, Zitronensaft, Salz und Cayennepfeffer in den Mixer geben. Das Gerät einschalten und die Butter langsam und stetig zugießen, bis sie untergemischt und die Masse eingedickt ist.

Tipp: Wenn Sie genügend Zeit haben, sollten Sie die langwierige Variante zubereiten, sie schmeckt doch etwas besser.

Scharfe Fischsauce
Ein Hausmacher-Rezept
Ergibt etwa 5/8 Liter

225 g Butter oder Margarine
1/2 Bund Petersilie, zerkleinert
2 Esslöffel Chilisauce
2 1/2 Esslöffel frisch gepresster Zitronensaft
2 Teelöffel Worcestershiresauce
2 Teelöffel Dijon-Senf
2 Tropfen Tabasco
oder eine andere scharfe Sauce

Die Butter in einem 1-Liter-Topf bei Mittelhitze zerlassen. Petersilie, Chilisauce, Zitronensaft, Worcestershiresauce, Senf und Tabasco zugeben. Umrühren und etwa 4 Minuten erhitzen, bis alles sprudelt.

Tipp: Diese Sauce passt gut zu jedem gegrillten nicht öligen Fisch. Sowohl Sauce als auch Fisch sollten beim Servieren heiß sein.

Sauce Marinara
Leckere Pasta-Sauce
Ergibt gut 1 Liter (je nach Größe der Tomaten)

6 Esslöffel Olivenöl
1 große Zwiebel,
gewürfelt
4 Knoblauchzehen,
zerkleinert
6 mittelgroße Tomaten,
abgezogen, entkernt und gewürfelt
2 Esslöffel frisches Basilikum,
zerkleinert
1 Teelöffel getrockneter Oregano
1/2 Teelöffel Salz
1 Prise Cayennepfeffer

Öl, Zwiebeln und Knoblauch bei Mittelhitze in eine große beschichtete Pfanne geben. Unter stetem Rühren etwa 5 Minuten garen, bis die Zwiebeln glasig werden. Tomaten, Basilikum, Oregano, Salz und Cayennepfeffer zugeben. Etwa 20 Minuten köcheln lassen, bis die Tomaten zu einer dicken Sauce mit Stücken verkocht sind. Warm servieren.

Tipp: Ein Pastagericht mit Meeresfrüchten bekommen Sie, wenn Sie nach dem Eindicken der Sauce zerkleinerte, gekochte Shrimps unterheben und das Ganze zum Wärmen ein oder zwei Minuten garen lassen.

Sauce Meunière
Herrlich für köstlichen Fisch
Ergibt etwa 1/2 Liter

1/4 l Fischfond
1 Knoblauchzehe,
zerkleinert
330 g Butter
2 Esslöffel Weizenvollkorn-Mehl
6 Esslöffel Worcestershiresauce
1/4 Teelöffel Salz

Fischfond und Knoblauch in einen mittelgroßen Topf geben.
Bei Mittelhitze zum Kochen bringen, dann von der Kochstelle
nehmen und beiseite stellen. 100 Gramm Butter bei Mittelhitze
in einer kleinen Pfanne zerlassen. Das Mehl einrühren und etwa 30 Sekunden garen, bis beides glatt vermischt ist. Die But-
ter-Mehl-Mischung in den Fond einrühren. Den Topf bei Mittelhitze zurück auf die Kochstelle geben und die restliche Butter einrühren. Worcestershiresauce und Salz hinzufügen und
unter stetem Umrühren etwa 5 Minuten garen, bis die Sauce
beginnt einzudicken. Heiß zu heißem Fisch servieren.

Tipp: Zitronenspalten oder -scheiben sind eine hübsche Garnierung
für Fisch mit dieser Sauce.

Pasta-Grundsauce

Ganz ohne Schnörkel!

Ergibt etwa 1 Liter

2 Esslöffel Olivenöl
1 mittelgroße weiße Zwiebel, gewürfelt
3–4 Stängel glatte Petersilie, zerkleinert
1 große Dose Tomaten in Püree
4 Knoblauchzehen, zerkleinert
2–3 Stängel Staudensellerie, zerkleinert
1 Teelöffel getrocknetes Basilikum
1/2 Teelöffel getrockneter Oregano
1 Teelöffel Salz
3/4 Teelöffel schwarzer Pfeffer aus der Mühle

Öl, Zwiebeln und Petersilie bei Mittelhitze in einen großen Topf geben. 2 bis 3 Minuten anbraten, bis die Zwiebeln glasig sind. Tomaten, Knoblauch, Sellerie, Basilikum, Oregano, Salz und Pfeffer einrühren. Zum Kochen bringen, dann die Hitze verringern und etwa 20 Minuten köcheln lassen, bis die Sauce eingedickt ist.

Tipp: Wenn Sie Fleisch zur Sauce geben wollen, schneiden Sie es in mundgerechte Stücke und bräunen es gut an. Das Fleisch nach dem Anbraten von Zwiebeln und Petersilie zugeben und die Garzeit auf etwa 30 Minuten verlängern. Zu Pasta aus Weizenvollkorn-Mehl serviert, ergibt die Sauce etwa 4 bis 6 Portionen.

Remouladensauce
Hervorragend zu Shrimps und Krebsfleisch
Ergibt etwa 1/2 Liter

160 ml Olivenöl
8 Esslöffel Senf
6 Esslöffel Apfelessig
2 Lauchzwiebeln
(nur das Weiße), in feine Ringe geschnitten
2 Knoblauchzehen,
zerkleinert
1 Esslöffel Paprikapulver
1 Teelöffel Salz
1/2 Teelöffel Cayennepfeffer

Im Mixer Öl, Senf, Essig, Lauchzwiebeln, Knoblauch, Paprika, Salz und Cayennepfeffer pürieren. Die Sauce in eine Schüssel geben, zudecken und vor dem Servieren kühlen.

Tipp: Diese Sauce passt auch gut zu kaltem Fleisch.

Salsa
Einfach, aber ausgesprochen lecker
Ergibt etwa 3/4 Liter

160 g gewürfelte Tomaten
aus der Dose
120 g eingelegte grüne Chilis,
gewürfelt
1 mittelgroße weiße Zwiebel,
zerkleinert
3–4 Stängel Korianderkraut,
fein zerkleinert
Saft von 1/2 Zitrone
Salz

Tomaten, Zwiebeln, Korianderkraut und Zitronensaft in einer Schüssel mischen. Mit Salz abschmecken und alles gründlich mischen.

Tipp: Diese Salsa kann zu Bohnen, Fleisch, Eiern oder Guacamole-Salat serviert werden.

Tomaten-Grundsauce
Passt zu fast jeder Pasta!
Ergibt 1 1/4 Liter

3 Esslöffel natives Olivenöl extra
1 mittelgroße weiße Zwiebel, zerkleinert
3 Knoblauchzehen, fein zerkleinert
1 große Dose Tomaten in Püree
1 mittelgroße Dose Tomatensauce ohne Zuckerzusatz
2-3 Stängel frisches Basilikum, zerkleinert,
oder 1 Teelöffel getrocknetes Basilikum
1 Teelöffel Backpulver
1/2 Teelöffel Salz
Schwarzer Pfeffer aus der Mühle

Öl, Zwiebeln und Knoblauch bei Mittelhitze in eine mittelgroße Pfanne geben. Unter stetem Rühren 2 bis 3 Minuten garen, bis die Zwiebeln glasig werden. Tomaten und Tomatensauce einrühren, dann Basilikum und Backpulver. Wenn die Sauce leicht zu sprudeln beginnt, die Hitze reduzieren. Unter häufigem Umrühren etwa 15 Minuten köcheln lassen, bis die Sauce eingedickt ist. Mit Salz und Pfeffer abschmecken.

Tipp: Diese vielseitige Sauce passt zu Fleisch, Fisch oder Pasta. Wenn Sie es scharf mögen, ersetzen Sie den schwarzen Pfeffer durch 1/8 Teelöffel gerebelte Chilischoten.

Grundbrühen (Fonds)
Einfach und immer besser als fertige
Ergibt 1 1/2 bis 2 Liter

3 Liter Wasser
3 Zwiebeln, geviertelt
3 Knoblauchzehen, zerdrückt, nach Belieben
1 kleiner Staudensellerie, zerkleinert

Für Hühnerbrühe
etwa 3 kg Hühnerknochen mit Fleischresten vom Hals,
Rücken, Bein oder Flügel, angebräunt

Für Rinderbrühe
1–1 1/2 kg Muskelfleisch vom Rind angebräunt

Für Fischbrühe
1 1/2 bis 2 kg Fischgerippe (ohne Köpfe)
und/oder Shrimps- oder Krabbenschalen

Wasser, Zwiebeln, Knoblauch, Sellerie und die jeweiligen Brühenzutaten in einen großen Topf geben und zum Kochen bringen. Die Hitze reduzieren, dass das Ganze nur noch köchelt. Bis zu 4 Stunden (bei rasch garender Fischbrühe nur etwa eine Stunde) garen. Abgießen und kühlen. Bei Hühner- oder Rinderbrühe vor dem Gebrauch das fest gewordene Fett von der Oberfläche entfernen.

Tipp: Sie können oft die benötigten Reste bei Ihrem Fleischer oder Fischhändler bekommen.

10

Snacks

Für die meisten Snacks braucht man wirklich keine Rezepte. Wir haben dieses kleine Kapitel jedoch mit aufgenommen, weil Snacks in der Zucker-Knacker-Ernährungsweise eine bedeutende Rolle spielen. Wenn Sie einen guten Snack zu sich nehmen, bekommen Sie nicht den Heißhunger, der sich vielleicht einstellt, wenn Sie nicht so regelmäßig essen. Bei verspäteten oder ausgelassenen Mahlzeiten essen Sie meist mehr, als Sie sollten.

Zwischenmahlzeiten sind eine gute Gelegenheit, eine nährstoffreiche Frucht zu essen, die Sie zuvor aus Zeitmangel vielleicht weggelassen haben, oder die Sie nicht nach Ihrem Essen mit rotem Fleisch verzehren wollten. Dies ist auch eine gute Zeit, um mehrere Gläser Wasser oder ein Glas frischen Saft zu trinken, damit Sie nicht zu viel essen.

Snacks geben Ihnen auch die Gelegenheit, das Stück Schokolade zu genießen, auf das Sie immer noch Lust haben, und das zu einem Zeitpunkt, an dem nichts anderes auf Ihre glykämische Reaktion einwirkt – Sie können es voll genießen. Essen Sie aber nicht zu viel Schokolade und möglichst eine Sorte mit hohem Kakaogehalt (60 Prozent und mehr Kakao), die nicht so viel zusätzlichen Zucker enthält. Seien Sie auch bei fettarmen Snack-Riegeln vorsichtig. Die meisten enthalten jede Menge Zucker.

Snack-Ideen

- Käse- oder Fleisch-Dip zu irgendeiner Art Vollkorn-Cracker.
- Frisches Obst – ist essfertig, Rezepte sind überflüssig!
- Frisches Gemüse – Brokkoli, Blumenkohl, Sellerie, Gurken, Kirschtomaten, Zucchini usw.
- Frisches Gemüse und Käse-Dip.
- Vollfruchtmarmelade auf 3 oder 4 Vollkorn-Crackern.
- Rohe Nüsse.
- Geröstete Nüsse – einfach rösten und essen, oder Salz und/ oder Chili (gerebelt) oder schwarzen Pfeffer zufügen.
- Erdnussbutter ohne Zuckerzusatz – allein gegessen oder als Aufstrich auf einem Weizenvollkorn-Cracker, einer Selleriestange etc.
- Schokolade – 2 oder 3 Stückchen mit hohem Kakaogehalt (60 Prozent oder mehr).
- Kaffee – aromareich, ohne Zucker, normal oder entkoffeiniert.
- Hart gekochte Eier.
- Käsehappen.
- Reste von Steak, Schweine-, Lamm-, Hühner- oder Truthahnfleisch.
- Jogurt ohne Zuckerzusatz.

11

Desserts

Vielen Leuten fällt es am schwersten, der Zucker-Knacker-Ernährungsweise treu zu bleiben, wenn es um Desserts geht. Glücklicherweise nimmt das Verlangen nach süßen Desserts rapide ab, wenn sie einige Wochen lang den raffinierten Zucker ganz weglassen oder stark eingeschränkt haben. Dies trifft auf die meisten Leute zu, aber nicht auf alle.

Die Zucker-Knacker-Ernährungsweise resultiert aus Studien zu den vielen Vorteilen einer Ernährung, die weniger raffinierte Zucker und weniger der stark bearbeiteten Getreideprodukte enthält – also auf einer Form, wie sie in Frankreich und im Mittelmeerraum üblich ist. Weshalb machen wir es den Leuten dort nicht nach und schließen eine Mahlzeit mit einem einfachen grünen Salat, der mit Olivenöl und einem milden Kräuter-Dressing oder ein paar Happen Käse angemacht ist?

Ein anderer guter Abschluss für eine Mahlzeit, wenn Sie das Verlangen nach Süßem spüren, sind ein paar Nüsse, zum Beispiel Wal- oder Pekannüsse oder auch Mandeln. Nüsse enthalten Fett, das unsere Geschmacksknospen auch mögen. Glücklicherweise ist das Hauptfett in den meisten Nüssen kein gesättigtes, sondern einfach ungesättigtes Fett. Das einfach ungesättigte Fett schafft einen Ausgleich im Verhältnis von HDL (gutem Cholesterin) zu LDL (schlechtem Cholesterin). Eine relativ geringe Menge von Nüssen befriedigt das Verlangen der meisten Menschen nach einem kleinen Extra im Anschluss an eine Mahlzeit.

Dessert-Rezepte

Überblick

Gebratene Apfelküchlein
Nährstoffreich und gering glykämisch
4 Portionen

2 mittelgroße feste Kochäpfel, geschält,
das Kernhaus entfernt und das Fruchtfleisch gerieben
60 g Pekan-, Walnüsse oder Mandeln, zerkleinert
3 Esslöffel Weizenvollkorn-Mehl
1 Esslöffel Fruchtzucker
1/4 Teelöffel frisch gepresster Zitronensaft
2 Esslöffel Butter

Äpfel, Nüsse, Mehl, Fruchtzucker und Zitronensaft in eine Schüssel geben und gründlich mischen. Aus der Masse 4 Küchlein formen. Die Butter in einer mittelgroßen beschichteten Pfanne bei Mittelhitze erhitzen. Die Küchlein hineingeben und etwa 5 Minuten backen, bis sie fest und leicht gebräunt sind. Vorsichtig wenden und etwa 5 Minuten garen, bis auch die andere Seite leicht gebräunt ist.

Tipp: Essen Sie dieses Dessert nach einer Mahlzeit mit Fisch, Hühnchen oder gering glykämischen Kohlenhydraten. Wenn Sie wirklich eine nicht zu große Mahlzeit mit wenig Fett hatten, können Sie die warmen Küchlein mit einem Klecks zuckerfreiem Vanilleeis servieren.

Goochi-Äpfel
Ein Gericht aus New Orleans
4 Portionen

2 mittelgroße Golden-Delicious-Äpfel (ungeschält),
Kernhaus entfernt und das Fruchtfleisch
in Stücke geschnitten
1 mittelgroße Dose ungesüßte Ananasstücke
(im eigenen Saft)
80 g kernlose Trauben
1 Satsuma,
geschält und in Stücke geteilt, nach Belieben
1/8 l Orangensaft
1/4 Teelöffel gemahlener Zimt
1 Esslöffel Butter

Backofen auf 180 °C (Gas Stufe 2) vorheizen. Äpfel, Ananas
mit ihrem Saft, Trauben und eventuell Satsuma in eine Auflaufform geben. Mit Orangensaft beträufeln und mit Zimt bestreuen. Die Butter zugeben, umrühren und zudecken. 20 bis
30 Minuten backen, bis die Äpfel weich sind.

Tipp: Dieses Dessert ist nicht besonders gering glykämisch, aber es
schmeckt sehr gut und darf gelegentlich gegessen werden.

Eiercreme
Mit Ihrem persönlichen Lieblingsaroma
6 Portionen

3 große Eier
1/4 Teelöffel Salz
Süßstoff (Menge nach Belieben,
da abhängig von der Süßkraft der verwendeten Art)
1/2 l Milch
1/4 Teelöffel Vanilleextrakt
1/8 Teelöffel geriebene Muskatnuss

Backofen auf 180 °C (Gas Stufe 2) vorheizen. Die Eier und Salz
in einer großen Schüssel verschlagen. Mit Süßstoff abschmecken. Milch, Vanille und Muskatnuss untermischen. Die Mischung auf 6 Auflaufförmchen verteilen. Die Förmchen in eine
große Auflaufform setzen und so viel heißes Wasser einfüllen,
dass die Form etwa 2,5 cm hoch gefüllt ist. Etwa 30 Minuten
backen, bis die Creme gestockt ist. Warm, mit Zimmertemperatur oder gekühlt servieren.

Tipp: Sie können Zimt statt Muskatnuss nehmen, wenn er Ihnen
besser schmeckt. Für eine Vanille-Eiercreme 1 Teelöffel Vanilleextrakt verwenden.

Pekannüsse als Dessert
Ein handlicher Nachtisch
8 Portionen

1/2 l Wasser
120 g halbe Pekannüsse
2-3 Esslöffel Fruchtzucker
1/4 l Rapsöl
Salz

Wasser in einem 1-Liter-Topf zum Kochen bringen. Die Pekannüsse zugeben und 1 Minute garen. Abgießen und gut abtropfen lassen. Nüsse und Fruchtzucker in einer Schüssel gründlich mischen. Öl bei Mittelhitze in einer großen Pfanne erhitzen. Die Nüsse zugeben und unter ständigem Rühren oder Bewegen der Pfanne 4 bis 5 Minuten anbraten, bis die Nüsse dunkelbraun geworden sind. Mit einem Schaumlöffel herausnehmen und auf Küchenpapier abtropfen lassen. Mit Salz bestreuen und warm oder mit Zimmertemperatur verzehren.

Tipp: Auch rohe Pekannüsse sind gut als Dessert. Das Fett, hauptsächlich einfach ungesättigtes, scheint das Bedürfnis der Menschen nach Süßem innerhalb von 5 Minuten nach dem Verzehr zu stillen. Achten Sie beim Anbraten der Pekannüsse darauf, dass sie nicht anbrennen.

Süßkartoffel-Pekannuss-Bällchen
Ein äußerst nährstoffreiches Dessert
2 bis 4 Portionen

1 mittelgroße Süßkartoffel, gebürstet
2 Esslöffel fettreduzierte Butter
8 halbe Pekannüsse, zerkleinert
2 Teelöffel Fruchtzucker
(oder Süßstoff – Menge nach Belieben,
da abhängig von der verwendeten Art)
1 Teelöffel gemahlener Zimt
Salz zum Abschmecken

Grill vorheizen. Die Kartoffel in Küchenpapier wickeln und für 4 bis 5 Minuten in die Mikrowelle geben, bis sie weich ist. Die Schale entfernen. Die noch heiße Kartoffel und die Butter gründlich mischen. Pekannüsse, Fruchtzucker oder Süßstoff und Zimt zugeben und alles gründlich verrühren. Aus der Masse 8 Bällchen formen. Auf ein gefettetes Blech legen. Etwa 10 cm von der Wärmequelle entfernt platzieren und 2 bis 3 Minuten grillen, bis die Bällchen eine leichte Kruste haben. Wenden und weitere 2 Minuten grillen, bis die andere Seite gebräunt ist. Mit Salz bestreuen und sofort servieren.

Tipp: Versuchen Sie diese Bällchen auch als Beilage zu gebratenem Truthahn. Süßkartoffeln sind äußerst nährstoffreich, denn sie enthalten mehr als den empfohlenen Tagesbedarf an Betakarotin.

Vanilleeis
Eine gelegentlich erlaubte Schlemmerei
Ergibt etwa 10 bis 12 Portionen

6 Eigelbe
1 l Vollmilch
6 Esslöffel Fruchtzucker
1/2 Teelöffel Salz
1 l süße Sahne
2 Esslöffel Vanilleextrakt

Eigelbe verschlagen und in einen 3-Liter-Topf geben. Milch, Fruchtzucker und Salz einrühren. Unter stetem Rühren mit einem Holzlöffel etwa 15 Minuten bei geringer Hitze garen, bis die Mischung leicht an der Rückseite des Löffels hängen bleibt. Den Topf von der Kochstelle nehmen und das Ganze etwa 10 Minuten abkühlen lassen. Sahne und Vanille einrühren. Die Mischung im Gefriergerät etwa 15 Minuten kühlen. In eine elektrische oder handbetriebene Eismaschine geben und nach den Anweisungen des Herstellers vorgehen.

Tipp: Dies ist kein fettarmes Dessert! Es ist aber auch kein Dessert mit hohen glykämischen Werten. Wenn Sie wissen, dass Sie an einem bestimmten Tage Eiscreme servieren wollen, planen Sie die restliche Mahlzeit möglichst fettarm, vor allem arm an gesättigten Fetten. Und wie bei vielen Rezepten für Vanilleeis können auch hier Pfirsiche, Erdbeeren oder andere Früchte während des Kochens und Kühlens zugegeben werden. Jeden Tag Eiscreme zu essen ist keine gute Idee, wenn Sie abnehmen möchten! Backen Sie sich aus den übrig gebliebenen Eiweißen einige Baisers.

Zuckerarme Zitronen-Crêpes
Lecker und der Mühe wert
10 bis 12 Portionen (20 bis 24 Crêpes)

Gehen Sie beim Zubereiten schrittweise vor, also erst die Füllung zubereiten, dann den Teig usw.

Zubereiten der Füllung:
650 g Frischkäse, mit Zimmertemperatur
Süßstoff (Menge abhängig von der verwendeten Art!)
1 1/2 Esslöffel Rum
Saft von 1 1/2 Zitronen
1 1/2 Esslöffel Zitronenschale (unbehandelt), gerieben

Frischkäse in eine Rührschüssel oder einen Mixer geben. Rühren, bis der Käse glatt und luftig ist. Den Süßstoff langsam unter weiterem Quirlen zugeben, dabei abschmecken. Rum, Zitronensaft und Zitronenschale untermischen. Beiseite stellen.

Zubereiten des Teigs:
6 große Eier, verschlagen
2 1/2 Esslöffel Butter, zerlassen
1/4 l Vollmilch
1/4 Teelöffel Vanilleextrakt
1/2 Teelöffel Salz
150 g Weizenvollkorn-Mehl
Rapsöl

Eier, Butter, Milch, Vanille und Salz im Mixer verrühren. Das Mehl zugeben und rühren, bis der Teig glatt ist. Der Teig sollte fest genug sein, dass er sich um einen Löffel legt. Wenn er zu fest ist, etwas Wasser zugeben, wenn er zu dünn ist,

etwas Mehl. (Der Teig wird beim Ruhen noch etwas fester.)
Eine kleine beschichtete Pfanne bei Mittelhitze erhitzen und
leicht mit Rapsöl einfetten. 2 Esslöffel Teig auf dem Boden der
Pfanne gleichmäßig verteilen und etwa eine Minute garen, bis
der Crêpe unten leicht braun ist und die Oberfläche kleine
Löcher aufweist. Wenden und von der anderen Seite 30 Sekunden garen. Crêpe auf einen Teller legen und mit Plastik zudecken, damit der Teig zart bleibt. Auf diese Weise 20 bis 24
Crêpes backen.

Zubereiten der Zitronen-Butter-Sauce:
330 g Butter
Süßstoff (Menge abhängig von der verwendeten Art!)
210 ml frisch gepresster Zitronensaft
1 1/2 Esslöffel Zitronenschale (unbehandelt), gerieben

Butter in einem 1-Liter-Topf bei geringer Hitze zerlassen. Süßstoff einrühren, dabei abschmecken. Zitronensaft und Zitronenschale einrühren und etwa 1 Minute garen, bis alles er-
wärmt ist.

Servieren der Crêpes:
Geben Sie in die Mitte jeden Crêpes 2 Esslöffel Füllung und
falten Sie den Crêpe wie einen Briefumschlag. Eventuell in
einer Pfanne bei Mittelhitze kurz aufwärmen. 2 Crêpes pro
Person auf warmen Desserttellern anrichten und die warme
Sauce darüber geben.

Servieren der Crêpes mit Brandy:
Geben Sie in die Mitte jeden Crêpes 2 Esslöffel Füllung und
falten Sie den Crêpe wie einen Briefumschlag. Wärmen Sie die
Sauce in einer großen Pfanne oder auf einem Rechaud. Geben
Sie die fertigen Crêpes nebeneinander hinein, mit dem »Ver-

schluss« nach oben. 1 bis 2 Minuten bei Mittelhitze aufwärmen, dann die Crêpes wenden. 75 ml Brandy darüber träufeln und die Pfanne schwenken, um ihn gleichmäßig über die Crêpes zu verteilen. Vorsichtig anzünden und den Alkohol abbrennen lassen. 2 Crêpes pro Person auf warmen Desserttellern servieren, die warme Sauce über die Crêpes geben.

Tipp: Sie können Crêpes, Füllung und Sauce im Voraus zubereiten und vor dem Servieren alles aufwärmen.

12

Festtags-Menüs

Überblick

Für alle Feste im Herbst
(wie Thanksgiving, Erntedank usw.) –
Menü für 12 Personen,
Seite 252

Für Weihnachten –
Menü für 8 Personen,
Seite 258 und Seite 263

Für Neujahr –
Menü für 6 Personen,
Seite 266

Für Ostern –
Menü für 8 Personen,
Seite 269 und Seite 272

Für Sommerfeste –
Barbecues für 6 bis 8 Personen,
Seite 274

Für alle Feste im Herbst
(wie Thanksgiving, Erntedank usw.)

Menü für 12 Personen

Truthahn mit Sauce
Rezept Seite 253

*Kalbs- und Schweinefleisch-Dressing
mit zerkleinerten Pekannüssen*
Rezept Seite 254

Cranberry-Relish ohne Zuckerzusatz
Rezept Seite 255

Süßkartoffeln Lyonnaise
Rezept Seite 256

Grüne Bohnen und Pimientos
Rezept Seite 256

Grüne Erbsen mit kleinen Perlzwiebeln
Rezept Seite 257

Spinatsalat mit Speck
Rezept Seite 85, dreifache Menge

Goochi-Äpfel
Rezept Seite 242, dreifache Menge

Truthahn mit Sauce

1 Truthahn von ca. 5,5 kg,
frisch oder tiefgefroren (aufgetaut)
1 3/4 Teelöffel Salz
3/4 Teelöffel schwarzer Pfeffer aus der Mühle
60 g fettreduzierte Butter, mit Zimmertemperatur
3/4 Teelöffel Paprikapulver
1/2 Teelöffel getrockneter Thymian
1/8 Teelöffel Cayennepfeffer, 1 1/4 l Hühnerbrühe
3 Esslöffel Weizenvollkorn-Mehl

Backofen auf 160 °C (Gas Stufe 1) vorheizen. Die Innereien entfernen, den Truthahn innen und außen gut auswaschen und
trocknen. Alles sichtbare Fett entfernen. Das Innere von Körper und Hals mit einem 3/4 Teelöffel Salz und dem schwarzen
Pfeffer einreiben. Den Truthahn auf einen Rost in einen Bräter
geben. In einer kleinen Schüssel Butter, Paprika, Thymian,
Cayennepfeffer und das restliche Salz mischen. Das Geflügel
ganz mit dieser Mischung einreiben und mit Alufolie abdecken.
2 Stunden und 15 Minuten im Backofen garen. Die Alufolie
entfernen und noch etwa 45 Minuten garen, bis das Geflügel-
fleisch knusprig und goldbraun ist und der fleischigste Teil der
Schenkel eine Innentemperatur von 80 °C erreicht hat. Den
Truthahn auf ein Schneidebrett legen und vor dem Tranchie-
ren 15 Minuten ruhen lassen. In der Zwischenzeit für die Sauce den Bratensaft in einen großen Messbecher geben. Genügend Brühe hinzufügen, dass es insgesamt 850 Milliliter ergibt.
Den Bräter bei Mittelhitze auf den Herd stellen und etwas Mehl
auf seinen Boden streuen. Eine Minute das Mehl rühren. Weiterrühren und dabei die Brühe einlaufen lassen. Etwa 3 Minuten garen, bis die Sauce eingedickt ist.

Kalbs- und Schweinefleisch-Dressing mit zerkleinerten Pekannüssen
Kann im Voraus zubereitet werden!

900 g Kalbshackfleisch
450 g Schweinehackfleisch
1 Truthahnleber
oder 2 Hühnerlebern, zerkleinert, nach Belieben
110 g Butter
2 große Zwiebeln, gewürfelt
4 Stängel Staudensellerie, zerkleinert
8 Lauchzwiebeln, zerkleinert
1/2 Bund Petersilie, zerkleinert
1/2 Teelöffel getrockneter Thymian
3 Lorbeerblätter
320 g Weizenvollkorn-Brotkrümel
240 g Pekannüsse, grob zerkleinert
3 große Eier, verschlagen
1 Teelöffel Salz
1/2 Teelöffel schwarzer Pfeffer aus der Mühle

Backofen auf 160 °C (Gas Stufe 1) vorheizen. Beide Hack-
fleischsorten und eventuell Leber in eine große Pfanne geben
und bei Mittelhitze unter stetem Umrühren etwa 10 Minuten
garen. Mit einem Schaumlöffel das Fleisch in eine große Schüssel heben. Das Fett abgießen und Butter in die Pfanne geben.
Wenn sie geschmolzen ist, Zwiebeln, Sellerie und Lauchzwiebeln zugeben. Unter Rühren 3 bis 4 Minuten garen, bis die
Zwiebeln glasig sind. Petersilie, Thymian und Lorbeerblätter
einrühren. Unter häufigem Umrühren etwa 5 Minuten weitergaren, bis die Gemüse weich sind. Die Mischung zum Fleisch
in die Schüssel geben und alles gut mischen. In einer zweiten

Schüssel so viel Wasser zu den Brotkrümel geben, dass sie feucht werden. Überschüssiges Wasser ausdrücken und die feuchten Brotkrümel zur Fleischmischung geben. Alles gründlich mischen. Die Pekannüsse und die Eier einrühren. Mit Salz und Pfeffer abschmecken. Alles noch einmal gut verrühren. Die Masse in eine feuerfeste 4-Liter-Kasserolle geben, einen Deckel auflegen und das Ganze etwa 45 Minuten backen, bis es gut gebräunt ist und Blasen wirft.

Cranberry-Relish ohne Zuckerzusatz

1 Navel-Orange (unbehandelt), mit Schale,
geviertelt und entkernt
280 g frische Cranberries
4 Esslöffel Orangenmarmelade ohne Zuckerzusatz

Orange, Cranberries und Marmelade im Mixer fein zerkleinern. In eine Schüssel geben, zudecken und vor dem Servieren im Kühlschrank eine Stunde kühlen.

Süßkartoffeln Lyonnaise

6 große Süßkartoffeln, gebacken, abgekühlt und gepellt
9 Esslöffel Olivenöl
3 mittelgroße Zwiebeln, in feine Ringe geschnitten
Salz
Schwarzer Pfeffer aus der Mühle

Kartoffeln in dicke Scheiben schneiden. 6 Esslöffel Öl in einer großen Pfanne erhitzen und die Kartoffelscheiben darin anbraten, bis sie leicht gebräunt sind. Die Zwiebeln in einer anderen Pfanne mit dem restlichen Öl goldbraun braten. Zwiebeln und Kartoffeln in einer Schüssel mischen und mit Salz und Pfeffer würzen.

Grüne Bohnen und Pimientos

1/2 l Wasser
dunkelgrüne Teile von 6 großen Lauchzwiebeln,
der Länge nach halbiert
650 g frische Grüne Bohnen,
die Enden abgebrochen
1 Glas (ca. 340 g) Pimientos
oder geröstete rote Pfefferschoten,
abgegossen und in 6 mm breite Streifen geschnitten

Wasser in einer großen Pfanne bei Mittelhitze zum Köcheln bringen. Die Lauchzwiebeln zugeben und etwa 10 Sekunden garen. Mit einem Schaumlöffel herausnehmen. Die Hitze verringern. Aus den Gemüsen 12 Bündel machen, dafür jeweils 8 grüne Bohnen und 3 Streifen der Pimientos oder gerösteten

Pfefferschoten mit einem Lauchzwiebelstück zusammenbinden. Die Bündel ins Wasser geben, auf Mittelhitze stellen und den Topf zudecken. Etwa 5 Minuten garen, bis die Bohnen knackig weich sind.

Grüne Erbsen mit kleinen Perlzwiebeln

3 Esslöffel Olivenöl
3 Esslöffel Weizenvollkorn-Mehl
1/2 Teelöffel getrockneter Thymian
3/8 l fettarme Sahne
2 300-g-Packungen TK-Erben
300 g kleine Perlzwiebeln

Öl und Mehl bei Mittelhitze in einem großen Topf eine Minute rühren. Thymian hinzufügen. Die Sahne langsam einrühren und das Ganze zum Kochen bringen. Die Gemüse einrühren, einen Deckel auflegen und alles 2 bis 3 Minuten garen, bis alles gut durchgewärmt ist.

Für Weihnachten

1. Weihnachtsmenü für 8 Personen

Schweinebraten nach Cajun-Art
Rezept Seite 259

Sautierte Pilze
Rezept Seite 178, doppelte Menge)

Spinatgefüllte Tomaten
Rezept Seite 191

Schneller Spargel mit Sauce Hollandaise
Spargel- Rezept Seite 152,
Saucen-Rezept Seite 226,
jeweils die doppelte Menge nehmen

*Gemischte Blattsalate mit Trauben
und Dressing mit Blauschimmelkäse*
Rezept Seite 260

Vollkornbrötchen
Rezept Seite 261

Mousse au chocolat à la Zucker-Knacker
Rezept Seite 262

Schweinebraten nach Cajun-Art

1 Bratenstück von der Lende von 1350 g
1/4 l italienisches Salatdressing
2 Esslöffel Olivenöl
1/2 Teelöffel schwarzer Pfeffer aus der Mühle
1/8 l trockener Weißwein

Fleisch und Salatdressing in einen großen Gefrierbeutel geben. Überschüssige Luft herausdrücken, den Beutel fest verschließen und massieren, damit das Fleisch überall benetzt wird. Im Kühlschrank mindestens 2 Stunden (maximal über Nacht) marinieren lassen, dabei das Fleisch wenigstens einmal wenden. Einen schweren Bräter bei starker Hitze erhitzen. Das Öl hineingießen. Das Fleisch aus der Marinade nehmen und in den Bräter geben. 4 bis 5 Minuten von allen Seiten anbraten. Das Fett aus der Pfanne gießen und das Fleisch mit Pfeffer bestreuen. Wein zugießen. Den Bräter zudecken und die Hitze verringern. Das Fleisch 2 bis 2 1/2 Stunden garen, bis es sehr zart ist. Auf ein Schneidebrett legen, mit Alufolie bedecken und vor dem Aufschneiden in dünne Scheiben 10 Minuten ruhen lassen.

Gemischte Blattsalate mit Trauben und Dressing mit Blauschimmelkäse

110 g (etwa 1 Hand voll) gemischte junge Blattsalate,
zerpflückt
450 g kernlose Weintrauben
120 g halbe Pekannüsse
1/4 l Dressing mit Blauschimmelkäse (s. S. 218),
Menge nach Belieben

Salate, Trauben und Pekannüsse in eine Salatschüssel geben.
Das Dressing zugießen und das Ganze gründlich mischen.

Vollkornbrötchen

350 g Weizenvollkorn-Mehl
1 Teelöffel Salz
1 Päckchen Trockenhefe
80 ml Olivenöl
200 ml Wasser
Etwas zusätzliches Öl

Mehl, Salz und Hefe in die Küchenmaschine geben und 1 Minute rühren. Bei laufendem Gerät das Olivenöl zugießen. Wasser hinzufügen, bis sich ein Teigball formt. (Sie brauchen vielleicht nicht alles Wasser.) Den Teigball 30 Sekunden vom Gerät kneten lassen. Den Teig in eine große, leicht gefettete Schüssel geben, mit Plastikfolie abdecken und etwa 1 Stunde gehen lassen, bis die Menge sich verdoppelt hat. Den Teig in acht gleich große Stücke teilen und jedes zur Kugel formen. Im Abstand von 5 cm auf ein beschichtetes Backblech setzen. Locker mit Folie zudecken und weitere 45 Minuten gehen lassen, bis die Kugeln ihre Größe verdoppelt haben. Inzwischen den Backofen auf 200 °C (Gas Stufe 3) vorheizen. Die Brötchen mit Olivenöl bestreichen und etwa 20 Minuten backen, bis sie braun und knusprig sind.

Mousse au chocolat à la Zucker-Knacker

750 g Schokolade
(sollte mindestens 60 % Kakao enthalten)
1 1/2 l Schlagsahne
5 Eigelbe
180 ml koffeinfreier Kaffee
5 Eiweiße

Die Schokolade in einer Schüssel im Wasserbad schmelzen lassen. In einem Topf 1/2 Liter Sahne zum Kochen bringen. Den Topf von der Kochstelle nehmen und die Sahne kurz abkühlen lassen. Eigelbe und Kaffee hinzufügen und alles gut verrühren. Diese Mischung über die Schokolade gießen und mit dem Schneebesen zu einer glatten Masse schlagen. Eiweiße steif schlagen und unter die Mousse heben. Die restliche Sahne steif schlagen und ebenfalls unter die Mousse heben. Vor dem Servieren die Mousse im Kühlschrank fest werden lassen.

2. Weihnachtsmenü für 8 Personen

Rinderbrust nach Cajun-Art
Rezept Seite 264

Süßkartoffel-Pfannkuchen
Rezept Seite 265

Garnierte Aubergine
Rezept Seite 175

Gegrillte Tomaten
Rezept Seite 194

Kalter Kohl
Rezept Seite 170,
doppelte Menge

Erdbeeren mit Sahne

Rinderbrust nach Cajun-Art

1,5 kg Rinderbrust, alles sichtbare Fett entfernt
420 g italienisches Salatdressing
2 Esslöffel Olivenöl
1/4 Teelöffel schwarzer Pfeffer aus der Mühle
1/8 l Wasser

Fleisch und Salatdressing in einen großen Gefrierbeutel geben. Überschüssige Luft herausdrücken, fest verschließen und massieren, damit das Fleisch überall benetzt wird. Im Kühlschrank mindestens 2 Stunden (maximal über Nacht) marinieren lassen, dabei das Fleisch wenigstens einmal wenden. Eine große Pfanne bei starker Hitze erhitzen und das Öl hineingeben. Das Fleisch aus der Marinade nehmen und in der Pfanne auf beiden Seiten 3 bis 4 Minuten anbraten. Mit Pfeffer bestreuen und das Wasser zugießen. Die Pfanne zudecken und das Fleisch bei niedriger Hitze 2 1/2 bis 3 Stunden garen, bis es sehr zart ist. Das Fleisch auf ein Schneidebrett legen und 10 Minuten ruhen lassen. Gegen die Faser in dünne Scheiben schneiden.

Süßkartoffel-Pfannkuchen

1 große Süßkartoffel, gebürstet
1/2 Teelöffel frisch gepresster Zitronensaft
1 Esslöffel Weizenvollkorn-Mehl
1 großes Ei, verschlagen
1/2 Teelöffel Würzsalz
1/8 Teelöffel weißer Pfeffer aus der Mühle
1 Prise Backpulver
2 Esslöffel Olivenöl

Süßkartoffel schälen und in eine große Schüssel reiben. Mit Zitronensaft beträufeln. Mehl, Ei, Würzsalz, Pfeffer und Backpulver einrühren. Olivenöl in einer großen beschichteten Pfanne bei Mittelhitze erhitzen. Für jeden Pfannkuchen 5 Esslöffel Teig in die Pfanne geben und mit einem Pfannenwender glätten. Etwa 5 Minuten auf jeder Seite backen, bis der Pfannkuchen gut gebräunt ist.

Für Neujahr

Menü für 6 Personen

Sautierte Austern
Rezept Seite 130

Italienische Artischockensuppe
Rezept Seite 88

Gegrilltes Hähnchen
Rezept Seite 267

Augenbohnen (als Glücksbringer)
Rezept Seite 183

Festtags-Kohl (für Reichtum)
Rezept Seite 268

Zuckerarme Zitronen-Crêpes
Rezept Seite 247

Gegrilltes Hähnchen

180 ml Rapsöl
1/8 l frisch gepresster Zitronensaft
8 Knoblauchzehen, zerkleinert
3 halbe Hähnchen
Salz
Schwarzer Pfeffer aus der Mühle

In einer kleinen Schüssel Öl, Zitronensaft und Knoblauch mischen. Die Mischung in einen großen Gefrierbeutel gießen und die Hähnchen dazugeben. Überschüssige Luft aus dem Beutel drücken und ihn fest verschließen. Massieren, damit das Fleisch vollständig benetzt ist. Im Kühlschrank 2 bis 4 Stunden marinieren lassen, dabei das Fleisch ein- bis zweimal wenden. Grill vorheizen. Die Hähnchen aus der Marinade nehmen und mit der Haut nach unten auf ein Grillblech legen. Etwa 10 cm von der Hitzequelle entfernt platzieren und 12 Minuten grillen. Wenden und mit Salz und Pfeffer würzen. Weitere 12 Minuten grillen, bis das Hähnchenfleisch gut durch ist und beim Einstechen klarer Saft austritt.

Festtags-Kohl

2 1/8 l Wasser, bei Bedarf mehr
1 Teelöffel Salz
1 großer Kopf Weißkohl, in Streifen geschnitten
3 große Scheiben durchwachsener Speck
1 mittelgroße weiße Zwiebel, gewürfelt
6 Knoblauchzehen, zerkleinert
1 Teelöffel Balsamico-Essig
Salz zum Abschmecken

2 Liter Wasser in einem Topf zum Kochen bringen. 1 Teelöffel
Salz und den Kohl hinzufügen und 7 Minuten garen. Abgießen
und beiseite stellen. In einer Pfanne bei Mittelhitze den Speck
6 bis 8 Minuten braten, bis er knusprig ist. Zum Abtropfen
auf Küchenpapier legen. Zwiebeln, Knoblauch, Essig und das
restliche Wasser in die Pfanne geben und unter ständigem Rühren 2 bis 3 Minuten garen, bis die Zwiebeln glasig sind. Kohl
zugeben und Speck hineinkrümeln. Alles gut mischen und etwa 4 Minuten garen, bis die meiste Flüssigkeit verdampft ist.
Mit Salz abschmecken.

Für Ostern

1. Ostermenü für 8 Personen

*Gebackener Schinken
mit Ingwer-Aprikosen-Glasur*
Rezept Seite 270

Gedünstete Artischocken
Rezept Seite 151,
vierfache Menge

Teufelseier
Rezept Seite 208,
doppelte Menge

Zucker-Knacker-Salat
Rezept Seite 271

Süßkartoffel-Pekannuss-Bällchen
Rezept Seite 245,
doppelte Menge

Gebackener Schinken
mit Ingwer-Aprikosen-Glasur

2 1/4 kg gekochter Schinken
210 g Aprikosen-Brotaufstrich ohne Zuckerzusatz
1 Esslöffel frischer Ingwer, gerieben
1 Esslöffel Dijon-Senf
1/2 Esslöffel Senfpulver

Backofen auf 160 °C (Gas Stufe 1) vorheizen. Die Oberseite des Schinkens mit einer Messerspitze kreuzweise einschneiden. Den Schinken in einen Bräter geben und 30 Minuten im Ofen backen. In einer kleinen Schüssel Aprikosen-Brotaufstrich, Ingwer, Senf und Senfpulver mischen. Den Schinken mit dieser Mischung bestreichen und weitere 20 bis 30 Minuten backen, bis er durch und durch warm ist. Auf ein Schneidebrett legen, mit Alufolie bedecken und vor dem Aufschneiden 10 Minuten ruhen lassen.

Zucker-Knacker-Salat

200 g Weizenkörner, grob geschrotet
80 g ungeschälte rote Linsen
350 g Kichererbsen, gegart, abgegossen und abgekühlt
1 Bund Lauchzwiebeln, fein zerkleinert
375 g Tomaten, gewürfelt
2 Bund Petersilie, fein zerkleinert
200 g Schafskäse, zerkrümelt
180 ml Olivenöl
100 ml frisch gepresster Zitronensaft
Salz
Schwarzer Pfeffer aus der Mühle

Weizenkörner dreimal gründlich durchspülen. In warmem Wasser einweichen und beiseite stellen. Die Linsen waschen und in Wasser etwa 20 Minuten köcheln lassen, bis sie weich sind. Abgießen und kalt abschrecken. Kichererbsen, Lauchzwiebeln, Tomaten, Petersilie und Schafskäse in eine große Schüssel geben und gründlich mischen. Die Weizenkörner abgießen und abtropfen lassen, dann zu den Linsen geben. Für das Dressing Öl und Zitronensaft verrühren. Mit Salz und Pfeffer abschmecken und das Dressing mit dem Salat vermischen. Bei Bedarf etwas Wasser oder Öl hinzufügen, da die Weizenkörner und die Linsen viel Flüssigkeit aufnehmen.

2. Ostermenü für 8 Personen

Gefüllte Paprika
Rezept Seite 273

Gedämpfter Blumenkohl
Rezept Seite 174,
doppelte Menge

Grüne Bohnen mit Knoblauch
Rezept Seite 155,
doppelte Menge

Linsen
Rezept Seite 163

Marinierte Gemüse
Rezept Seite 196,
doppelte Menge

Pekannüsse als Dessert
Rezept Seite 244

Gefüllte Paprika

8 mittelgroße grüne Paprika
2 Esslöffel Rapsöl
900 g Rinderhackfleisch (oder anderes Hackfleisch)
1 große Zwiebel, zerkleinert
1/2 Bund Petersilie, fein zerkleinert
3 Knoblauchzehen, fein zerkleinert
1 Teelöffel getrockneter Thymian
1 Teelöffel getrocknetes Basilikum
2 Teelöffel Salz
1 Teelöffel schwarzer Pfeffer aus der Mühle
1/4 Teelöffel Cayennepfeffer
2 Esslöffel Worcestershiresauce
2 große Dose Tomaten in Würfeln, abgegossen
1 große Dose Tomatensauce

Backofen auf 200 °C (Gas Stufe 3) vorheizen. Von den Paprikaschoten einen Deckel abschneiden. Vorsichtig entkernen, unter fließendem kaltem Wasser abspülen und beiseite legen. Öl, Hackfleisch und Zwiebeln bei Mittelhitze in eine große schwere Pfanne geben. Unter stetem Rühren garen, bis das Fleisch nicht mehr rosa ist. Petersilie, Knoblauch, Thymian, Basilikum, Salz, schwarzen Pfeffer, Cayennepfeffer und Worcestershiresauce hinzufügen. Unter Rühren noch etwa 3 Minuten garen. Die Tomaten zugeben und weitere 5 Minuten unter Rühren garen, bis alles gut warm ist. Die Paprika mit der Mischung füllen und in eine Auflaufform setzen. Tomatensauce über die Paprika gießen. Mit Alufolie bedecken und etwa 30 Minuten backen, bis die Paprika weich sind. Die Folie abnehmen und das Gemüse noch 5 bis 10 Minuten garen, bis die Oberseiten angebräunt sind.

Für Sommerfeste

Barbecue für 6 bis 8 Personen

Texas-Steak
Rezept Seite 140

Krebssalat
Rezept Seite 71

Makkaronisalat
Rezept Seite 80,
doppelte Menge

Pinto-Bohnen und Salsa
Bohnen-Rezept Seite 167
Salsa-Rezept Seite 233

Gebratene Okra
Rezept Seite 180,
doppelte Menge

*Vanilleeis mit Heidelbeeren
und Erdbeerscheiben*
Rezept Seite 275

Vanilleeis mit Heidelbeeren
und Erdbeerscheiben

300 g Erdbeeren, gewaschen und in Scheiben geschnitten
300 g Heidelbeeren, gewaschen und verlesen
2 Liter Vanilleeis (s. S. 246)

Erdbeeren und Heidelbeeren in einer Schüssel mischen. Auf
Portionen von Eiscreme geben.

13

Zucker-Knacker unter der Lupe

Wir möchten all jenen Menschen, die mit der Zucker-Knacker-Ernährungsweise großen Erfolg hatten, Fakten anbieten. Aber auch allen, die sich gerade überlegen, ob sie nicht mit dieser Ernährungsweise beginnen sollten, und die vielleicht durch einige Äußerungen in den verschiedenen Medien verwirrt wurden. Konstruktive Kritik zu Texten in unseren Büchern ist uns immer willkommen, da wir einen echten Dialog über Zucker-Knacker haben möchten. Wir verstehen jedoch Kommentare nicht, die völlig unzutreffend oder bestenfalls irreführend sind.

Natürlich schmeichelt uns die große Resonanz zu den Zucker-Knackern. Doch es ist frustrierend zu sehen, dass viele Kritiker unser Buch »Zucker-Knacker« gar nicht gelesen haben oder Kommentare abgeben, die einfach falsch sind.

Viele, die mit der Zucker-Knacker-Ernährungsweise vertraut sind, erkennen, wodurch solche Behauptungen motiviert sind. Doch andere können nicht wissen, was falsch und was richtig ist. Für alle, die etwas verwirrt wurden, bieten wir nachfolgend Behauptungen und die zugehörigen Tatsachen.

1. Behauptung: »Zucker-Knacker ist eine weitere Diät, mit einer geringen Kalorienanzahl, 800 bis 1000 pro Tag.«

Die Tatsachen: Diese Behauptung ist absolut falsch. Eine genaue Analyse nach den Richtlinien der Ernährungsindustrie hat ergeben, dass die durchschnittliche tägliche Kalorienzahl bei 1719 liegt und an keinem Tag nur 1000 Kalorien erlaubt sind. Darüber hinaus betonen wir immer, dass man (in vernünftigen Grenzen) Kalorien nicht zu zählen braucht, sondern die Fähigkeit der Kohlenhydrate, den Blutzuckerspiegel zu steigern (der glykämische Wert), ein besserer Anzeiger für Gewichtszu- oder -abnahme ist.

2. Behauptung: »Zucker-Knacker ist eine Diät mit wenig Kohlenhydraten, die Zucker ganz weglässt.«
Die Tatsachen: Wer das behauptet, hat keine Ahnung. Unser 14-Tage-Speiseplan weist im Durchschnitt 40 Prozent Kohlenhydrate (Zucker) auf. Jeder Arzt wird Ihnen sagen, dass Kohlenhydrate im Grund genommen nichts anderes sind als Zucker. Nur schlecht Informierte können eine solche Aussage machen. Was die durchschnittlichen 40 Prozent angeht, glauben wir, dass man sogar 50 bis 55 Prozent Kohlenhydrate zu sich nehmen kann, ohne zuzunehmen, wenn man die richtigen, ballaststoffreichen, gering glykämischen Kohlenhydrate wählt.

3. Behauptung: »Zucker-Knacker ist eine ballaststoffarme Diät.«
Die Tatsachen: Genau das Gegenteil ist der Fall. Wir raten, Kohlenhydrate wie raffinierten Zucker, weißen Reis und weiße Mehlprodukte, die fast keine Ballaststoffe besitzen, wegzulassen und stattdessen ballaststoffreiche, gering glykämische Kohlenhydrate zu wählen.

4. Behauptung: »Diabetes ist nur durch Erbanlagen bedingt; Zucker kann keinen Diabetes hervorrufen.«
Die Tatsachen: Eine gründliche, sechs Jahre dauernde Studie an 65.173 gesunden Frauen, die Dr. Jorge Salmaron et al. durchführten und über die im *Journal of the American Medical Association* berichtet wurde, stellte fest, dass Frauen, die

eine stark glykämische ballaststoffarme Ernährung zu sich nahmen, zweieinhalbmal so oft an Diabetes erkrankten als Frauen, die sich gering glykämisch und ballaststoffreich ernährten. Letzteres ist *genau* das, was das Zucker-Knacker-Konzept empfiehlt. Der Bericht führte weiter aus, dass hoch raffinierte Kohlenhydrate nicht so gut sind wie Vollkorn-Kohlenhydrate, wenn es um die Entwicklung von Diabetes geht. Da Vollkorn-Kohlenhydrate, die weniger behandelt sind, besser sind als raffinierte Zucker, muss man schließen, wie es die gründliche medizinische Studie tat, dass übermäßige Aufnahme von raffinierten Kohlenhydraten (Zucker) zu einem stärkeren Auftreten von Altersdiabetes führt.

5. Behauptung: »Jeder weiß, dass Zucker sich nicht in Fett verwandelt. Fett wird zu Fett.«

Die Tatsachen: Das *Physiologische Lehrbuch* von Dr. Arthur C. Guyton stellt eindeutig fest, dass Kohlenhydrate, die nicht sofort für die Energie gebraucht oder als Glykogen gespeichert werden, in Fett umgewandelt und in den Zellen gespeichert werden. Einige Ernährungswissenschaftler sehen Fett, denken Fett, riechen Fett, schmecken Fett und denken fälschlicherweise, dass alles Fett am Körper aus Fett stammt. In Wirklichkeit kommt jedoch das meiste Körperfett aus den verzehrten Kohlenhydraten, nicht vom Fett. Da viele Diäten der letzten 25 Jahre Diäten mit vielen Kohlenhydraten waren, muss man sich nicht wundern, wenn die Menschen dicker und dicker wurden (und immer häufiger Diabetes bekamen)!

6. Behauptung: »Zucker-Knacker ist eine ungesunde Diät; sie lässt ganze Nahrungsmittelgruppen weg.«

Die Tatsachen: Da die Zucker-Knacker-Ernährungsweise voller nährstoff- und ballaststoffreicher Gemüse, Früchte, Vollkornprodukte, Milchprodukte und magerer Fleischsorten steckt, können wir uns nicht vorstellen, was wir weggelassen haben! Bezieht sich der Vorwurf auf die stark konservierten und ballaststofflosen raffinierten Zucker (die keine Nahrungsmittelgruppe sind), müssen wir sagen, dass wir glücklich sind, eine Minimum-Menge davon empfohlen zu haben.

Alle Vitamine und Mineralstoffe, die in den wenigen weggelassenen Kohlenhydraten enthalten sind, können leicht durch andere Kohlenhydrate, die wir empfehlen, ersetzt werden. Wenn Sie jedoch nicht gern Obst essen, können Sie täglich ein Multi-Vitaminpräparat einnehmen, um eine ausreichende Vitamin- und Mineralstoffzufuhr zu sichern. Sie müssen jedoch immer darauf achten, dass Sie eine ausreichende Menge an Kohlenhydraten und den zugehörigen Ballaststoffen essen, damit Sie sich nicht einer Azidose (Übersäuerungszustand von Zellen, Geweben und Organen) nähern, denn das ist schlecht für Ihre Nieren, Muskeln und Ihr Herz.

7. Behauptung: »Gut, anfangs bewirkt Zucker-Knacker vielleicht einen gewissen Gewichtsverlust, aber bestimmt nicht auf Dauer.«

Die Tatsachen: Von Hunderten von Leuten, mit denen wir seit 1995 in Verbindung stehen, wissen wir, dass diese Ernährungsweise auf Dauer wirkt. Bei uns, den Autoren dieses Buches, hat es über drei oder sogar sechs und mehr Jahre gewirkt. Trotz der größeren Kalorienzufuhr ist unser Cholesterinspiegel niedriger geworden. Unzählige Menschen haben uns gesagt, dass es die einzige Diät ist, die sie je versucht haben, durch die sie die überschüssigen Pfunde nicht nur losgeworden sind, sondern ihr Gewicht auch halten konnten. Und das alles ohne das Gefühl, viele gute Dinge nicht essen zu dürfen.

Register

Rezepte

ESSEN SIE SICH GESUND

16283

16285

16242

16206